Quem é Deus, afinal?

ROB BELL

Quem é Deus, afinal?

SEXTANTE

Título original: *What We Talk About When We Talk About God*

Todas as citações bíblicas usadas neste livro foram retiradas da Bíblia Sagrada, Nova Versão Internacional - NVI.

tradução
Joel Macedo

preparo de originais
Alice Dias

revisão
Fernanda Lizardo e José Tedin

projeto gráfico e diagramação
DTPhoenix Editorial

capa
Miriam Lerner

imagem de capa
Andrew Khritin/Thinkstock

impressão e acabamento
Cromosete Gráfica e Editora Ltda.

CIP-BRASIL. CATALOGAÇÃO NA PUBLICAÇÃO
SINDICATO NACIONAL DOS EDITORES DE LIVROS, RJ

B381q

Bell, Rob
Quem é Deus, afinal? / Rob Bell [tradução de Joel Macedo];
Rio de Janeiro: Sextante, 2014.
192 p.; 14 x 21 cm.

Tradução de: What we talk about when we talk about God
ISBN 978-85-431-0120-0

1. Deus. 2. Religião. 3. Crescimento espiritual. 4. Paz interior.
I. Título.

14-12764 CDD: 231
CDU: 27-317

GMT Editores Ltda.
Rua Voluntários da Pátria, 45 – Gr. 1.404 – Botafogo
22270-000 – Rio de Janeiro – RJ
Tel.: (21) 2538-4100 – Fax: (21) 2286-9244
E-mail: atendimento@esextante.com.br
www.sextante.com.br

Como todas as grandes coisas deste mundo, quando se trata de mulheres, religião e céu... você imagina a respeito e não para de imaginar a respeito.

TOM WAITS

Sumário

CAPÍTULO 1

Sussurro

Quando uso a palavra Deus no título deste livro, sei que posso estar pisando em um campo minado. Por acaso existe alguma palavra mais volátil, mais carregada de histórias, suposições e expectativas do que a antiga, desgastada, provocadora, onipresente, familiar e desconhecida palavra *Deus*?

É por isso que faço uso dela.

Quando se trata de Deus, nosso foco é bem difuso: pessoas arriscam suas vidas para servir aos pobres porque acreditam que Deus as chamou para isso; pastores anunciam que as catástrofes naturais são obras Dele; professores afirmam que Deus é apenas produto de nossa imaginação; amigos discutem o poder da fé numa mesa de bar; cantores agradecem ao Senhor quando são premiados por uma canção que fala sobre sexo casual.

Assim como um espelho, Deus parece ser cada vez mais um reflexo de quem está falando Dele no momento.

As últimas pesquisas, que revelam quantos de nós creem ou não creem em Deus e mostram que frequentamos cada vez menos as igrejas, induzem os analistas a especular sobre uma série de coisas (demografia, tecnologia, estilos de culto, diferença entre gerações), tudo isso para evitar a verdade óbvia que nos salta aos olhos como um elefante no meio da sala.

E esta verdade é: nós temos um problema com Deus.

Não é só um problema de definição – quem é Deus, afinal? – e não é só um problema de sentido (é cada vez mais comum duas pessoas conversarem sobre Deus e falarem de coisas completamente diferentes enquanto usam a mesma palavra).

O nosso problema com Deus vai mais além e é muito mais profundo do que isso.

Sou pastor há mais de 20 anos e o que tenho visto são pessoas que buscam uma vida com significado, paz e alegria, mas que, no entanto, não conseguem ver sentido nos conceitos dominantes sobre Deus. E esses conceitos não estão apenas deixando-as mais frágeis: estão lhes causando sérios danos.

Estamos mais envolvidos do que nunca com as questões da alma e do espírito, e temos a perturbadora desconfiança de que tudo isso dever ser mais do que um simples acaso. Mas um número crescente de pessoas está se perguntando: e o que Deus tem a ver com isso?

Então escrevi este livro sobre esse assunto porque estamos no meio de um movimento que vem ganhando impulso: há uma sensação crescente de que estamos no fim de uma era e no começo de outra, num momento em que o nosso velho modo de compreender e de falar sobre Deus está morrendo enquanto algo diferente está sendo gestado.

Há uma antiga história sobre um homem chamado Jacó, que tem um sonho maravilhoso e quando acorda diz: "Sem dúvida Deus está aqui, eu é que não sabia!"

Até agora.

O poder dessa história está na afirmação de que Deus não mudou; Jacó é quem desperta para uma nova consciência a respeito de quem Deus é – e de onde Ele está.

Isso me remete novamente a esse momento de mudança, à descoberta de que estamos despertando para outras maneiras de olhar para o Deus que esteve aqui o tempo todo.

Estou consciente de que escrever um livro sobre isso implica todo tipo de risco.

Eu sei disso.

Estamos rodeados de amigos, vizinhos, familiares, intelectuais e religiosos defendendo a ferro e fogo suas crenças profundamente arraigadas nos sistemas religiosos tradicionais – ou sua total descrença neles. Ou seja, há atiradores de elite em todos os telhados. E, nesse sentido, ser polêmico não é nem um pouco interessante.

Mas e o amor, o significado, a alegria, a esperança?
Isso me convence.
É o que me interessa.
É o que faz o risco valer a pena.

O grande acadêmico alemão Helmut Thielicke disse, certa vez, que uma pessoa que fala para a necessidade do momento está beirando a heresia, mas somente quem se arrisca a tal heresia pode atingir a verdade.

E a verdade é que temos um problema – temos uma *necessidade* –, e há sempre a chance de que este possa ser *o momento.*

Primeiro, então, vamos falar um pouco mais sobre esse nosso problema com Deus.

Quando tinha 20 anos, eu dirigia um Oldsmobile.

Você se lembra deles?

Era um modelo Delta 88, prata, quatro portas. O banco da frente era inteiriço e tinha um descanso de braço no meio, que reclinava. Dava para sete ou oito passageiros tranquilamente. Numa tacada de gênio da engenharia, a placa traseira era presa por uma dobradiça, atrás da qual ficava o orifício do tanque de gasolina. A mala era tão grande que era possível colocar cinco pranchas de snowboard lá dentro ao mesmo tempo, ou uma bateria completa, vários amplificadores e até um corpo, se fosse preciso. (Estou só brincando em relação ao corpo.) Meus amigos chamavam o carro de "O Trenó".

O Trenó era um automóvel magnífico e ele me serviu muito bem naquela época.

Mas não se fabricam mais Oldsmobiles.

Eles eram muito bem conceituados, e pode ser que o seu avô ainda tenha um, mas as fábricas que os produziam já fecharam. Os exemplares que restaram são relíquias de outra época.

Os Oldsmobiles não conseguiram se manter e, pouco a pouco, se tornaram parte do passado, e não do futuro.

Eles, não nós.
Estão no passado, não no presente.

Estou lhe falando sobre o carro que eu dirigia quando era jovem porque, para muitas pessoas no mundo em que vivemos, Deus é como os Oldsmobiles.

Para explicar o que quero dizer quando comparo Deus a um carro antigo, aqui vão algumas histórias: minha amiga Cathi me contou que esteve em um evento onde um importante líder cristão afirmou que as mulheres não deveriam ensinar nem liderar na igreja. Cathi, que tem *dois* mestrados, ficou chocada.

Recebi um e-mail de meu amigo Gary contando que foi a uma igreja com sua família no domingo de Páscoa e ouviu uma pregação que dizia que todo gay vai parar no inferno.

E outro amigo meu, Michael, falou que ouviu o líder de uma grande comunidade cristã afirmar que, se alguém negar que Deus criou o mundo em seis dias, estará negando também o restante da Bíblia, porque o que a ciência diz não interessa.

E há também dois pastores que me contaram que suas esposas não querem mais nada com Deus. Ambas foram criadas em ambientes muito religiosos que davam grande importância à crença de que Deus é bom e que é fundamental ter um relacionamento pessoal com Ele. Porém, as duas passaram por grandes sofrimentos na juventude e a doutrina que elas seguiam não foi capaz de ajudá-las a lidar com suas experiências. E, assim, elas se afastaram. Deus, para elas, tornou-se uma figura incômoda e estranha. Como alguém que elas um dia conheceram e que não conhecem mais.

Por fim, há um famoso jornalista que conheci em uma festa em Nova York. Quando lhe disseram que eu era pastor, ele quis saber se *todos vocês pastores* usam quadros, linhas do tempo e gráficos para mostrar às pessoas quando o mundo irá acabar e de que forma os cristãos escaparão enquanto os que forem deixados para trás padecerão sofrimentos terríveis.

Contei sobre Cathi assustada naquele auditório, sobre Gary escutando a pregação, sobre Michael ouvindo o líder cristão, sobre as esposas desencantadas dos pastores e sobre mim naquela festa, pois, para muita gente, acreditar e confiar *naquele* Deus parece ser um passo *atrás*, em direção ao passado, a uma época menos informada e menos iluminada que felizmente já abandonamos.

Há uma pergunta oculta em todas essas histórias, um questionamento que um número crescente de pessoas vem fazendo a respeito de Deus:

Há lugar para Ele no mundo moderno?

As coisas mudaram. Hoje temos mais informação e tecnologia do que nunca. Interagimos com mais gente do que jamais imaginamos. E o Deus tribal, aquele que é o único a quem a maioria de nós foi apresentada – aquele que está sempre certo (o que significa que todos os demais estão errados) – é cada vez mais visto como

pequeno,
limitado,
irrelevante,

perverso,
e às vezes não muito inteligente.

Deus será deixado para trás?
Como um carro antigo?

Não é que Deus esteja ultrapassado ou seja incapaz de lidar com a complexidade da vida; para muita gente, Ele nunca ocupou um lugar de destaque. Nos últimos anos, temos escutado um número expressivo de cientistas, professores e escritores afirmarem categoricamente a inexistência de Deus. Tais pessoas acreditam que os seres humanos não são nada além de interações altamente complexas de átomos, moléculas e neurônios, conectados para responder a determinados estímulos e para elaborar significados que nos protejam desta verdade incômoda: no fundo, não há sentido maior nisso tudo porque somos apenas a soma de nossas partes – nada mais.

E isso é tudo que há.
No final das contas,
é tudo que há.

Esta negação de Deus não é nenhuma novidade, mas vem conquistando muitos adeptos nos últimos anos, aparentemente como reação ao fato de Deus se assemelhar a um carro velho – e por as pessoas acreditarem que Ele não é apenas *ultrapassado*, mas também *destrutivo*.

Recentemente, fui convidado a participar de um debate no qual o tema era "A religião é boa ou ruim?". Os organizadores me disseram que eu era livre para escolher de qual lado ficaria. Isso não é revelador?

Essa história me faz lembrar de uma entrevista que Jane Fonda deu alguns anos atrás à revista *Rolling Stone*. O repórter escreveu na matéria:

"A mais nova transformação da atriz – e talvez a mais radical – foi tornar-se cristã. Mesmo com sua propensão à polêmica, esta é uma decisão chocante."

Podemos extrair muita coisa desse pequeno texto. É como se houvesse uma pergunta oculta por trás do comentário do jornalista. Parece que o que ele *realmente* quer é perguntar a Jane Fonda: "Por que alguém se tornaria um cristão, afinal?"

Essa é uma pergunta que muita gente se faz – pessoas cultas, sensatas e modernas que acham que tornar-se cristão é uma coisa "chocante", para não dizer inconcebível.

Jane Fonda declarou ter sido atraída pela fé porque "sentiu a reverência sussurrando dentro dela".

Reverência sussurrando dentro de mim. Gosto dessa frase. Ela fala de experiências que todos nós já tivemos – aqueles momentos em que ficamos plenamente conscientes de que a vida tem um significado especial, de que não estamos aqui por acaso.

Para muitas pessoas, negar essa voz interior e acreditar que somos apenas um conjunto aleatório de átomos nos torna frios, vazios e desiludidos.

Porém, quando elas buscam as fontes religiosas convencionais para dar vazão a essa reverência, muitas vezes são levadas até aquele Deus que *ficou no passado*, lá atrás, como os carros antigos.

Tudo isso levanta as perguntas:

Há outras maneiras de falar sobre a reverência sussurrando dentro de nós?

Há outro modo de falar sobre a sensação de que há algo mais acontecendo aqui?

Há outro jeito de falar de Deus?

A minha resposta é sim. Eu acredito que há. Mas, antes de falarmos sobre isso, gostaria de lhe contar por que este livro irrompeu do meu coração desta maneira.

Alguns anos atrás, numa manhã de domingo, me vi frente a frente com a possibilidade de Deus não existir, de realmente estarmos aqui por conta própria e de não haver sentido nenhum nisso tudo.

Hoje vejo uma infinidade de pessoas tendo essas mesmas dúvidas. Mas aquele era um domingo de Páscoa, e eu era *pastor*. Eu estava dirigindo o culto no qual deveria pregar sobre a existência de Deus, sobre Ele ter vindo à Terra com o objetivo de fazer algo miraculoso e ter ressurgido dos mortos para que nós pudéssemos viver para sempre.

A expectativa de todos era que eu fizesse isso de maneira ardorosa, confiante e persuasiva o bastante para provocar esperança, alegria e encantamento.

É assim que um sermão de Páscoa deve ser, certo? Imagine se eu chegasse lá e dissesse: "Bem, eu estive refletindo sobre essas coisas por algum tempo e preciso ser honesto com vocês: acho que estamos ferrados."

Não funcionaria, não é?

Vou fazer uma pausa para uma confissão: quando você é pastor, seu coração, sua alma, seu contracheque, suas dúvidas, sua fé, suas esperanças, suas lutas, seu intelecto e suas responsabilidades são embrulhados todos juntos numa vida/profissão que é muito *pública.* E domingo é um dia em que se espera que tenhamos alguma coisa inspiradora para dizer, independentemente do que estivermos sentindo ou pensando em relação a Deus naquele momento. Às vezes, isso pode criar uma tensão sufocante, porque queremos servir às pessoas e dar a elas o que temos de melhor, mas também somos seres humanos. E, no meu caso, um ser humano cheio de dúvidas sérias a respeito de quem realmente é esse Deus.

Aquele domingo de Páscoa foi bastante traumático porque eu descobri que sem muita reflexão e estudo eu não poderia continuar seguindo aquele caminho sem perder a sanidade. A única solução era mergulhar de cabeça nas minhas questões e nadar até descobrir qual a profundidade daquela piscina. E se, no final, eu tivesse que ir embora da igreja, eu iria. Mas iria com a consciência limpa e a integridade intacta.

Este livro, portanto, é intensamente pessoal para mim. Muito do que escrevi aqui vem da minha dúvida, do meu ceticismo, das noites escuras da alma, quando me flagrei questionando *absolutamente tudo.* Sentimos um arrepio na espinha quando ficamos diante da possibilidade de estarmos sozinhos nesse labirinto. Confiar que existe um ser divino que cuida de nós, que nos ama e nos guia é como dar um salto para atravessar um oceano.

Então, quando falo de Deus, fé e crença, não uso uma postura arrogante do tipo "Venha, una-se ao grupo!". Eu abordo o tema com cuidado, consciente de quanto ele pode ser incômodo, confuso, frustrante, exasperador e até mesmo traumático.

O que experimentei por um longo período foi um despertar gradual para novas perspectivas da compreensão de Deus – especificamente do Deus de quem Jesus falou. Percebi que havia outras dimensões nas antigas tradições hebraica e cristã que vinham de encontro aos meus questionamentos e lutas para entender

quem é Deus
o que é Deus
por que isso importa
e em quê isso afeta a nossa vida.

Nesse processo – que continua até hoje –, minhas dúvidas não desapareceram de repente nem minhas crenças assumiram novas perspectivas de uma hora para outra. O que aconteceu foi algo muito mais profundo. Foi uma coisa extraordinariamente libertadora, inspiradora, revigorante e muito útil, que me inspirou a me sentar, dia após dia, mês após mês, para escrever este livro.

Isso me remete a duas breves verdades antes de prosseguirmos:

Primeiro, sou cristão e, portanto, Jesus é o meio através do qual eu compreendo Deus. Para algumas pessoas, Jesus limita a discussão a respeito Dele, mas minha experiência mostra exatamente o oposto. As experiências que tive com Jesus abriram minha mente e meu coração para um Deus maior, mais expansivo, misterioso e amoroso, que eu acredito estar por trás de tudo o que acontece neste mundo.

Em seguida, percebi que as pessoas *querem falar* sobre Deus. Não importa o que elas aprenderam quando crianças, o que lhes traz inspiração ou repulsa, o que lhes dá esperança ou temor: elas estão extremamente ávidas por desabafar sobre sua fé ou sua descrença em Deus. O que tenho observado é que, ainda que queiramos estar ligados a essa reverência que sussurra dentro de nós, muitas vezes não sabemos por onde começar, que passos dar ou para onde ir.

Assim, se de alguma forma este livro conseguir oferecer a você alguma orientação em relação a essas questões, ficarei extasiado. Mas preciso deixar um ponto muito claro: este livro não é uma tentativa de provar que Deus existe. Se você pudesse comprovar a existência de Deus, desconfio que nesse momento estaria conversando sobre alguma outra coisa com alguma outra pessoa.

Este é um livro sobre como se tornar mais vivo e consciente; um livro que nos guia para o Deus que está na base de nosso ser e que permeia nossos gostos, nossas visões e todas as dimensões da vida – da alegria ao desespero.

Agora vamos falar um pouco sobre o que encontraremos nas próximas páginas.

Este livro se sustenta em torno de três conceitos que desencadearam em mim novas formas de pensar sobre Deus, de compreendê-lo e, mais importante ainda, de *vivenciá-lo*. Eles tornaram minha vida melhor, e minha esperança é que façam o mesmo por você.

Mas, antes de revelar quais são esses conceitos, quero falar sobre duas palavras. São elas que irão nos preparar para compreender as três expressões que formam a coluna vertebral do livro.

Primeiro, precisamos estar **abertos**, porque, quando falamos de Deus, levamos expectativas e presunções para a discussão sobre como o mundo funciona e em que tipo de universo vivemos. Muitas vezes questionamos a existência de Deus quando pensamos sobre o que realmente importa no mundo de hoje, já que relegamos ao passado todas as nossas crenças primitivas e supersticiosas. Temos a ciência, a razão e a lógica – o que Deus tem a ver com tudo isso? Na verdade, tudo. Porque o universo é muito mais misterioso do que qualquer um de nós pensava. E essa estranheza demandará que estejamos **abertos**.

Então, primeiro, devemos estar **abertos.**

Depois iremos discutir sobre o "falar", pois quando falamos de Deus usamos a linguagem – e a linguagem ao mesmo tempo ajuda e atrapalha nossas tentativas de entender e descrever a natureza paradoxal do Deus que está além das palavras.

Primeiro, **abertos,**
depois, **juntos.**

Então, depois dessas duas palavras,
chegamos aos três conceitos fundamentais,
aqueles que irão definir a maneira como falaremos de Deus neste livro.

Eles são (imagine um rufar de tambores neste momento):

Conosco,
Por nós,
Adiante de nós.

Conosco, porque, para mim, Deus é a energia, a liga, a força, a vida, o poder e a fonte de tudo o que nós sabemos ser a profundidade, a plenitude e a essência da vida. Creio que Deus está conosco porque acredito que todos nós já experimentamos a presença Dele de várias maneiras. Quando falo que Deus está conosco, quero que você entenda como essa proximidade confronta diretamente o senso comum que coloca Deus em algum outro lugar mais distante. Quero que você veja o perigo desta perspectiva e enxergue Deus ao seu lado o tempo todo.

Por nós, porque eu acredito que Deus é por todos nós, independentemente de crenças, pontos de vista, ações, falhas, erros, pecados ou opiniões a respeito Dele. Acredito que Deus deseja que cada um de nós floresça e prospere para que possamos nos tornar o melhor que podemos ser. Ao abordar esse assunto, quero que você veja como as doutrinas que mostram Deus mal-humorado, irado e vingativo tornam as pessoas infelizes e estressadas a tal ponto que elas acabam acreditando que Deus é realmente assim. Quero que você enxergue a inclusão radical e consoladora que está no núcleo da mensagem de Jesus sobre como Deus transforma a nossa vida.

Por fim, **adiante de nós**, porque quando falo de Deus não estou me referindo a um ser divino que ficou ultrapassado, que tenta nos arrastar de volta para uma era primitiva, bárbara, pré-científica, quando acreditávamos que a Terra era plana e o centro do universo. Acredito que Deus não está focado no atraso, não se opõe à razão, à liberdade nem ao progresso – ao contrário, está convidando toda a humanidade para ir em frente, em direção a experiências cada vez mais plenas de paz, amor, justiça, empatia, honestidade, compaixão e alegria. Com isso, quero que você enxergue que o Deus da Bíblia está, sim, adiante das pessoas, grupos e culturas, como sempre esteve. Ainda que muita gente o veja como coisa do passado, eu não penso assim, e quero que você o veja como uma realidade vital e ativa em sua vida cotidiana.

Todas essas coisas nos levam a mais um conceito, para finalizar: **no dia a dia**. A pergunta "Como vivenciamos isso no dia a dia?" envolve toda essa conversa sobre nossos pensamentos, sentimentos e experiências.

Recapitulando:

Abertos,
Juntos,
Conosco,
Por nós,
Adiante de nós
e
No dia a dia.

Mais uma coisa: a referência completa dos versículos bíblicos citados, assim como os créditos de outras fontes de informação e sugestões de leituras estão incluídos nas notas no final do livro, organizados por capítulo.

Ainda temos um longo caminho pela frente, mas minha expectativa é que, ao terminar este livro, você venha a dizer:

"Agora eu sei quem é Deus."

CAPÍTULO 2

Abertos

Certa vez me convidaram para dar uma palestra a um grupo de ateus; aceitei e me diverti muito. Depois, eles me chamaram para beber alguma coisa e nós rimos, contamos histórias, conversamos sobre várias coisas interessantes, até que uma mulher me puxou de lado. Ela exibia uma expressão preocupada quando perguntou: "Você não acredita em milagres, acredita?"

Não consegui conter o sorriso porque, naquele mesmo dia, eu havia sido abordado por uma cristã devota que me perguntara, *com a mesma expressão preocupada*: "Você acredita em milagres, não acredita?"

É como se uma mulher estivesse preocupada que eu tivesse perdido o juízo, e a outra, preocupada que eu tivesse perdido a fé.

Há uma enorme noção de "ou isso ou aquilo" embutido na pergunta de ambas e que reflete algumas das maiores questões da nossa era:

Fé ou intelecto?

Crença ou razão?

Milagres ou lógica?
Deus ou ciência?

Pode alguém acreditar em coisas que violam todas as leis da lógica e da razão e ainda assim afirmar ser uma pessoa lúcida e sensata?

Eu chamo a atenção para esse "ou isso ou aquilo", porque a maneira como pensamos em Deus está diretamente ligada à maneira como pensamos todo o resto.

Se uma pessoa descarta o sobrenatural e o milagroso dizendo "Essas coisas não existem" e outra acredita em algo que não pode ser provado, ambas as crenças estão enraizadas em modos particulares de se entender o mundo à sua volta.

Geralmente, nesse tipo de discussão, os dois lados presumem que estão sendo sensatos, lúcidos, racionais ou alguma outra coisa que soe inteligente, sem perceber que a cultura moderna moldou a maneira como eles entendem o mundo – o que leva à maneira como eles entendem Deus.

Daí, antes de falarmos sobre o Deus que está **conosco**, que é **por nós** e que está **adiante de nós**, falaremos sobre o tipo de mundo em que estamos vivendo e sobre de que modo isso define como sabemos o que sabemos.

Primeiro falaremos sobre a grandeza do universo;
depois,
sobre a pequenez do universo;
então
falaremos sobre você e sobre o que faz você ser você,

e, por fim,
falaremos sobre como tudo isso afeta a maneira como nós entendemos Deus
e falamos sobre Ele.

Isso tomará um tempo, afinal o universo é mais misterioso do que qualquer um de nós sequer imaginou...

I. Desvio para o vermelho

O universo,
ao que parece,
está se expandindo.

Cadeias de restaurantes se expandem, nossas cinturas se expandem, balões de ar se expandem... mas, *universos*?

Ou mais precisamente, *o* universo?
Está em *expansão*?

Neste momento, a extremidade do universo está aproximadamente a 90 bilhões de trilhões de milhas de distância (*aproximadamente* é uma palavra que se usa quando a estimativa pode ser além de UM MILHÃO DE MILHAS), o universo visível está a milhões e milhões e milhões de milhas além, e todas as galáxias do universo estão se distanciando das outras galáxias do universo ao mesmo tempo.

Isso é chamado de *dispersão galáctica* e pode explicar por que algumas crianças têm tanta dificuldade de ficar quietas.

O sistema solar em que vivemos, que ocupa menos de um trilionésimo do espaço conhecido, se move a 898 mil quilômetros por hora. Ele faz parte da galáxia chamada Via Láctea e leva entre 200 e 250 milhões de anos para percorrer a órbita da sua galáxia *uma vez.* A Via Láctea contém um bom número de galáxias menores, incluindo

Anã de Fornax
Canis Major (Cão Maior)
Ursa Minor (Ursa Menor)
Anã do Dragão
Leão I e o não menos importante Leão II
Anã do Escultor e
Anã do Sextante.

Isto é parte de um grupo de 54 galáxias criativamente chamadas de Grupo Local, que é membro de um grupo maior conhecido como Aglomerado de Virgem.

E que estão se movimentando a uma velocidade de 1.072 quilômetros por hora.

(Portanto, tenha cuidado lá fora, e olhe para os dois lados antes de atravessar a supernova.)

De volta à pergunta inicial:
O universo está se *expandindo?*

Cerca de cem anos atrás, vários astrônomos, entre eles Edwin Hubble – que deu nome ao famoso telescópio espacial – e Vesto Slipher, observaram galáxias distantes emitindo luz vermelha. Vermelho é a cor que as galáxias emitem quando estão se distanciando de nós, e azul quando estão vindo em nossa direção – daí o termo "desvio para o vermelho" (também conhecido pela expressão em inglês *redshift*).

Vamos dar uma passada rápida em 1964 para visitar dois físicos que trabalharam na Companhia Telefônica Bell: Arno Penzias e Robert Wilson. Estes homens não estavam conseguindo localizar a origem de estranhas ondas de rádio que seu equipamento vinha captando. Enquanto pesquisavam a origem dessas ondas, limpavam os excrementos das aves (que Penzias chamava de "material dielétrico branco") de seus instrumentos e compartilhavam suas descobertas com outros cientistas, eles perceberam que estavam captando sinais residuais de radiação de uma enorme explosão.

Uma explosão que, acredita-se, tenha ocorrido muitos anos atrás – 13 bilhões e 700 milhões de anos, para ser mais exato.

Aparentemente, antes de tudo, havia um ponto chamado *singularidade*, e depois houve uma explosão, envolvendo temperaturas inimaginavelmente altas, carregadas de energia e potencial suficientes para criar a vida, o universo e tudo o que ele contém.

A radiação residual desta explosão ainda circula por aí em pequenas quantidades, e você pode vê-la, por exemplo, na estática da sua televisão.

Quando começamos a falar em tamanhos, distâncias e velocidades tão monumentais, as coisas não funcionam do jeito a que estamos acostumados.

Veja a gravidade, por exemplo.

Pule do telhado da sua casa, solte um prato no chão da cozinha, atire um aviãozinho de papel e você verá a gravidade em ação, puxando as coisas em direção ao centro do planeta de maneira bastante consistente e previsível. Porém, em outras partes do universo, a gravidade não é tão confiável. Há corpos celestes chamados *estrelas de nêutrons* que têm uma gravidade tão forte em seu interior que eles próprios entram em colapso. Essas estrelas podem pesar até 200 bilhões de toneladas – mais do que todos os continentes da Terra juntos...

...e cabem numa colher de chá.

E também há todas as outras coisas que não sabemos. Surpreendentemente, 96% do universo é composto de buracos negros, matéria escura e energia escura. Esses fenômenos, difíceis de ver e mais difíceis ainda de entender, são o principal motor da vida do universo, deixando-nos apenas com os 4% que é possível conhecer.

Agora vamos dos 96% desconhecidos do universo para a borda externa de uma galáxia mediana, para um planeta chamado Terra. Nosso lar.

A Terra pesa cerca de 6 trilhões de toneladas, movimenta-se em torno do sol a uma velocidade aproximada de 106 mil quilômetros por hora e, ao mesmo tempo, executa um movimento em torno de seu eixo a uma velocidade de cerca de 1.610 quilômetros por hora. Então, quando você sente que sua cabeça está rodopiando, é porque ela está mesmo. Paris, por exemplo, está girando a 965 quilômetros por hora.

A superfície do nosso planeta é composta por cerca de 10 placas enormes e 20 menores, que nunca param de se deslocar.

A Groenlândia, por exemplo, se desloca pouco mais de 1 centímetro todos os anos. Acredita-se que a configuração atual dos continentes só tenha sido essa por cerca de 0,1% da história. O mundo como o conhecemos é um arranjo relativamente novo.

Todos os dias acontecem, em média, dois terremotos no planeta, em grau 2 ou superior na escala Richter. A cada segundo, cerca de 100 raios atingem o solo terrestre, e a cada 19 segundos alguém sentado num restaurante em algum lugar escuta a música "Dancing on the Ceiling", de Lionel Richie, mais uma vez.

Em termos de tempo, completamos uma volta em torno do sol a cada 365 dias, o que chamamos de um ano, e giramos em torno de nós mesmos a cada 24 horas, o que chamamos de um dia. Nosso conceito de tempo, portanto, é determinado por objetos planetários enormes que se movem em torno uns dos outros enquanto giram no próprio eixo. O tempo é determinado pelo espaço físico.

Sem planetas, que são coisas,
não há tempo.

Nosso calendário divide o tempo em unidades segmentadas previsíveis – horas, dias, meses e anos. Esta organização em intervalos regulares e sequenciais moldou a maneira como compreendemos o tempo. Essa noção é útil de muitas maneiras – nos ajudando a chegar ao consultório do dentista na hora certa, nos lembrando dos aniversários, etc. –, mas também nos impede de perceber como o tempo, na verdade, é flexível e elástico.

Se você colocar um relógio no chão e colocar outro no alto de uma torre, verá que os ponteiros do relógio da torre se movem mais rápido do que os do relógio no chão, pois a gravidade perto do chão é maior e desacelera os ponteiros do relógio.

Se alguém olhar para o céu numa noite estrelada, a luz que verá será a das estrelas como elas eram *quando a luz as deixou*. A pessoa não está vendo como aquelas estrelas *são agora*; a pessoa no presente está vendo como aquelas estrelas *eram* há muitos e muitos anos, *no passado*.

Se estiver na rua num dia ensolarado, você estará aproveitando o sol como ele era *oito minutos antes*.

E se estiver viajando num trem à velocidade da luz, quando olhar pela janela você não verá coisas à frente, coisas ao seu lado e coisas pelas quais acabou de passar. Você verá *tudo de uma vez*. Nesse caso, você perderá o sentido do passado, do presente e do futuro, pois o tempo linear se desintegrará num imenso AGORA.

O tempo não é coerente:
ele faz curvas, se dobra;
ele acelera e fica mais lento;
ele se transforma e muda.
O tempo é relativo e sua coerência é uma teimosa ilusão.

O universo em que vivemos
é expansivo,
mutante,
rodopiante,
curvo,
relativo,
escorregadio
e móvel.

Não existe um ascendente universal;
nem tampouco um descendente definitivo;
não há um lugar de repouso objetivo, imóvel,
de onde se possa observar todo esse movimento
ininterrupto.

Ficar sentado e quieto,
no final das contas,
não é diferente de se manter num estado de constante
movimento.

Não existe ponto de vista absoluto;
o que existem são várias visões a partir de um ponto.

Flexível, curvo, relativo – passado, presente e futuro são ilusões que o espaço-tempo deforma e distorce de uma quantidade impressionante de maneiras, o que nos conduz a outra questão: a matéria.

O sol é ao mesmo tempo uma estrela em torno do qual orbitamos
e a nossa fonte de energia primária.
Ele é algo físico
e o motor da vida no nosso planeta.

O sol é feito de matéria
e o sol é energia.
Ao mesmo tempo.

Albert Einstein foi o primeiro a apontar isso, demonstrando que matéria, na verdade, é energia represada. E energia é matéria liberada.

Talvez você já tenha visto fotos de Einstein com a língua de fora e cabelo desgrenhado, e ouvido rumores de que ele tão biruta que se esquecia de vestir as calças pela manhã. E deve também conhecer a famosa fórmula que ele criou, $E=mc^2$, que muitos de nós conseguimos reproduzir mesmo sem ter a menor ideia do que ela signfica.

Além disso tudo, porém, o que exatamente ele fez?

O que Einstein fez por meio de suas teorias da relatividade especial e geral, foi mostrar que o universo é muito, mas muito mais estranho do que qualquer um poderia pensar. Sei que *estranho* não é lá um termo muito científico, mas o trabalho de Einstein abrangeu tanto a grandeza quanto a pequenez do universo, e isso numa época em que foram feitas descobertas realmente impactantes, que desafiaram os conceitos tradicionais sobre o mundo onde vivemos.

II. Quem encomendou isso?

Há milhares de anos as pessoas tentam imaginar do que o universo é feito, supondo que deve haver algum elemento básico, alguma espécie bloco de montar, como um Lego cósmico – algo que simplesmente tenha construído tudo que nós entendemos como "tudo". As possibilidades são fascinantes, porque se alguém pudesse descobrir esse material primordial de construção, poderia responder a inúmeras perguntas sobre como chegamos aqui, do que somos feitos e para onde tudo está sendo conduzido...

Assim as coisas fariam sentido.

Os filósofos gregos – como Demócrito, que viveu há 2.500 anos – especularam sobre esse material básico de construção, usando uma palavra específica para isso. Os gregos tinham a palavra *tomos*, que significava cortar ou dividir alguma coisa. Então eles desenvolveram o conceito de algo que era *a-tomos*, "indivisível, completo", algo a partir do qual todo o resto foi feito. Algo realmente pequeno, sendo que não há nada menor. Algo *atomos*, indivisível, deu origem à palavra átomo.

Imagine o que poderíamos aprender se descobríssemos um desses átomos! Essa foi a busca que impulsionou cientistas, filósofos e pensadores por anos e anos até o final do século XIX, quando os átomos foram finalmente descobertos.

Acontece que átomos são muito pequenos.

Cerca de um milhão de átomos alinhados lado a lado são tão espessos quanto um fio de cabelo.

Um único grão de areia contém 22 quintilhões de átomos (ou seja, 22 com 18 zeros).

Um átomo está para o tamanho de uma bola de golfe, assim como o tamanho de uma bola de golfe está para a Terra.

Pequeno *assim.*

Contudo, descobriu-se que os átomos são feitos de partes ainda menores chamadas *prótons*, *nêutrons* e *elétrons*. Os prótons e nêutrons estão no centro do átomo, chamado de *núcleo*, que é um milionésimo de um bilionésimo do volume do átomo.

Se um átomo fosse expandido até o tamanho de um estádio de futebol, o núcleo ficaria do tamanho de um grão de arroz,
entretanto, pesaria *mais* do que o estádio inteiro.

As descobertas continuaram à medida que foram desenvolvidas novas tecnologias para dividir essas partículas, e verificou-se que elas são, na verdade, feitas de partículas ainda menores. E então mais tecnologia foi desenvolvida para dividir essas partículas e descobriu-se então que elas são feitas de partículas ainda menores. Daí mais tecnologia foi desenvolvida para dividir *essas* partículas...

cada vez mais para dentro,
cada vez menor,
cada vez mais fundo no mundo *subatômico*.

O físico britânico J.J. Thomson descobriu o elétron em 1897, o que levou ao conhecimento de um número surpreendente de novas partículas nos anos que se seguiram, desde

bósons,
hadrons,
bárions e
neutrinos
até
mésons,
léptons,
pions,
hiperons e
taus.

Foram descobertos os glúons, que mantêm partículas em comum com os quarks, que, por sua vez, são classificados em vários subtipos.

Existem os
up quarks,
down quarks,
top quarks,
botton quarks,
charmed quarks,
e, é claro, os
strange quarks.

Quando uma partícula inconcebivelmente pequena chamada múon foi identificada, o lendário físico Isaac Rabi teria dito: "Quem encomendou isso?"

Até agora, cerca de 150 partículas subatômicas foram descobertas e novas tecnologias continuam surgindo em ritmo acelerado. A mais impressionante delas está no laboratório de pesquisas físicas conhecido como CERN (Organização Europeia para a Pesquisa Nuclear), instalado próximo à fronteira da Suíça com a França. O CERN, uma ação coletiva internacional que envolve cerca de 8 mil cientistas e milhares de funcionários, possui um túnel circular de 27 quilômetros de diâmetro a 175 metros abaixo da superfície da Terra chamado de Grande Colisor de Hádrons (LHC). No LHC, são estimuladas colisões entre dois prótons, cada um com 3,5 trilhões de volts, esperando que na colisão subsequente apareçam partículas que ainda não foram estudadas.

Durante anos, os físicos têm trocado informações sobre como essa experiência que envolve a mais alta tecnologia e as mentes mais brilhantes do planeta pode ajudá-los a descobrir, finalmente, a partícula sumamente importante e assustadoramente indefinida chamada de...

Bóson de Higgs.

(Na verdade, eles já descobriram. Procure no Google. É incrível.)

Ainda que o tamanho impressionante minúsculo dos átomos e das partículas subatômicas seja difícil de ser concebido por qualquer mente humana, o que eles *fazem* nos obrigam a confrontar nossos pressupostos mais básicos sobre o universo.

Muitas imagens populares de um átomo nos levam a pensar que sua estrutura é como a de um sistema solar, com os prótons e nêutrons no centro, como o sol, e os elétrons orbitando em torno deles, assim como a Terra faz com o sol.

Porém, não é bem assim que as coisas funcionam. Pesquisadores descobriram que os elétrons não se movimentam em volta do núcleo de maneira ordenada e contínua; o que os elétrons fazem é

desaparecer em um lugar e depois aparecer em outro lugar sem percorrer a distância entre eles.

Partículas somem e depois aparecem em algum outro lugar, saltando de um ponto a outro, e isso faz com que não haja modo de se prever quando ou onde elas virão ou irão.

Niels Bohr foi o primeiro a compreender esse estranho mundo novo, chamando esses movimentos de *saltos quânticos.* Os pioneiros da física quântica descobriram que **as partículas estão em constante movimento, explorando todos os caminhos possíveis do ponto A ao ponto B *ao mesmo tempo.*** Elas estão simultaneamente em todos os lugares e em lugar nenhum.

Um elétron viaja por todas as rotas possíveis, mas só revela sua rota *quando é observado*. Para entender melhor:

Alguma vez você parou em frente a uma vitrine e viu seu reflexo no vidro? Você pôde ver os artigos expostos na vitrine, mas também pôde ver a si mesmo refletido no vidro. Algumas das partículas de luz do sol (chamadas *fótons*) atravessaram a vidraça, iluminando os produtos. Porém, outras partículas do sol não passaram pelo vidro, mas ricochetearam nele, permitindo que você visse o seu reflexo. Mas por que umas partículas atravessam a vidraça e outras não?

Isso não pode ser previsto.

Algumas partículas passam pela vidraça;
outras não.

Alguém pode determinar probabilidades,
fazer uma lista de todos os resultados possíveis,
mas, no final, isso é o máximo que pode ser feito.

O físico Werner Heisenberg foi o primeiro a identificar uma verdade perturbadora sobre o mundo quântico: é possível determinar a posição de uma partícula e é possível determinar sua velocidade, mas não se pode determinar as duas coisas. O princípio da incerteza de Heisenberg, juntamente às descobertas feitas por Max Planck e muitos outros físicos, levantaram inúmeras questões sobre a imprevisibilidade do universo numa pequena escala.

Enquanto os físicos investiam cada vez mais tempo na investigação do universo sob esta escala inimaginavelmente pequena, mais verdades sobre o resto do universo começavam a emergir. Sobre a luz, por exemplo.

A luz é a única realidade constante e imutável – ela mantém seu curso estável, independentemente das circunstâncias. Mas isso não significa que a luz esteja livre de algum comportamento desconcertante. Porque as coisas na natureza ou são ondas ou são partículas. Há partículas de poeira e ondas sonoras, ondas no oceano e partículas de comida na barba de seu amigo. Essa tem sido a sabedoria tradicional por muitos anos.

Partículas e ondas.
Uma ou outra.
Partículas são como projéteis;
ondas se difundem.
Partículas só podem estar em lugares específicos;
ondas podem estar em toda parte.
Partículas não podem ser divididas; ondas podem.

Mas então surge a luz.

Luz é feita de partículas.
Luz é uma onda.

Se alguém fizer à luz uma pergunta onda, ela responderá como uma onda. Faça uma pergunta partícula, e a luz se revelará uma partícula.

Duas coisas mutuamente exclusivas, coisas que sempre foram compreendidas como sendo isto ou aquilo,
aconteceram
de

estar
juntas
ao mesmo tempo.

Niels Bohr foi o primeiro a chamar isso de *complementaridade*, em 1926.

Complementaridade, a ideia de que algo pode ser duas coisas diferentes ao mesmo tempo, nos conduz a outro fenômeno muito mais bizarro, chamado *entrelaçamento.*

A comunicação, como nós a entendemos, sempre envolve um sinal de alguma espécie – nossa voz, um telefone, um cabo, uma onda de rádio, uma frequência, um pulso, alguma coisa que transmita o que quer que seja de um lugar a outro. Mas não é bem assim no mundo subatômico, onde as partículas mostram que estão se comunicando entre si *sem nenhum sinal envolvido.*

Wolfgang Pauli identificou essa propriedade realmente surreal das partículas subatômicas em 1925 com seu princípio de exclusão. Pares de partículas quânticas demonstram uma consciência do que o outro está fazendo *após eles terem se separado.* Sem nenhuma espécie de sinal.

O universo, em sua pequenez, nos confronta com uma realidade para a qual simplesmente não temos qualquer parâmetro:

Um único elétron pode dar 47 mil voltas em torno de um túnel de 6,5 quilômetros em apenas um segundo.

Prótons vivem bilhões e bilhões de anos, enquanto múons geralmente vivem cerca de dois microssegundos.

Se você se sentar numa cadeira giratória e rodar, vai ter que girar 360 graus para voltar para a direção inicial. Foram descobertos elétrons que não retornam para a posição inicial depois de serem girados 360 graus; para que isso aconteça, eles precisam ser rodados *duas vezes*.

Imagine que você está jogando tênis e descobre que algumas vezes é capaz de rebater a bola com a raquete, e outras vezes a bola *atravessa* sua raquete como se ali não houvesse rede. Imediatamente, você presumiria que existe uma razão para esse estranho comportamento da bola e da raquete, e se empenharia em descobrir por que isso está acontecendo. Você levaria em conta a velocidade, a força e as características dos materiais: plástico, borracha e metal. Você faria tudo isso acreditando que haveria uma explicação para a ação da bola e aplicaria as leis básicas da física e do movimento.

Você estaria fazendo o que os cientistas fizeram por um longo tempo: presumindo que o universo funciona segundo leis específicas da mecânica *que podem ser conhecidas.*

Mas no mundo subatômico
as coisas vêm e vão,
somem e aparecem,
giram, saltam, se comunicam e demonstram consciência uma das outras,
tudo sem dar a mínima para como o mundo deveria funcionar.

Certa vez, Niels Bohr disse que se alguém não ficou chocado na primeira vez que ouviu sobre a teoria quântica é porque não entendeu nada do que foi dito.

É importante deixar claro que a teoria quântica é responsável por tudo – radiografias, aparelhos de ressonância magnética, supercondutores magnéticos, lasers, fibras ópticas, transistores de aparelhos eletrônicos e computadores. É espantoso quantos produtos do mundo moderno vêm de contribuições da teoria do quantum. O ganhador do Nobel de Física, Leon Lederman, e Christopher Hill, físico teórico do Fermilab, acreditam que a teoria do quantum é possivelmente a mais bem-sucedida na história da ciência.

Tudo isso é muito interessante, claro, mas desconfio que nesse momento você deva estar se perguntando algo como:

O que essas coisas têm a ver com Deus?

Pergunta excelente.

Então, três respostas,
começando com
energia,
depois se deslocando para
o envolvimento
e então terminando com
surpresa.

Energia,
envolvimento,
surpresa.

Vamos começar falando sobre sua cadeira, porque provavelmente você está sentado em algum tipo de cadeira enquanto lê este livro. Ela provavelmente é feita de metal ou madeira, espuma, tecido, talvez couro. Tem algumas porcas e parafusos, tinta ou verniz, talvez um nylon ou um plástico. Se pegássemos qualquer um desses materiais e o colocássemos num microscópio, veríamos os elementos, as moléculas e os compostos básicos que os constituem. E se continuássemos avançando sobre os materiais, chegaríamos por fim ao nível subatômico, onde descobriríamos que a cadeira, assim como tudo o mais no universo, é feita de átomos.

E os átomos,
como se sabe,
são 99,9% espaço vazio.

Se todo o espaço vazio fosse tirado de todos os átomos do universo, o universo caberia *num torrão de açúcar.*

Um átomo é um objeto. Mas é um objeto constituído principalmente de espaço vazio, que, em geral, acredita-se *não* ser um objeto. Logo, em quê exatamente você está sentado neste momento?

Uma cadeira – objeto material, palpável, físico – é feita de partículas em movimento, esbarrando umas nas outras, colidindo umas com as outras, existindo e deixando de existir bilhões de vezes em bilionésimos de segundo, vivendo em estados estacionários e depois escolhendo caminhos específicos por nenhuma razão particular previsível.

Sua cadeira parece ser sólida,
mas essa solidez é uma ilusão.

Ela tem peso, massa, forma, textura, e, se você não enxergá-la no escuro e der uma topada nela com o dedão, essa cadeira vai fazer seu dedo doer muito; no entanto, a sua cadeira é

uma relação de energia

átomos ligados entre si de uma forma específica que permite que você se sente e tenha apoio. Coisas como cadeiras, mesas, prédios e planetas podem *parecer* sólidos, mas são, em essência, movimentos frenéticos e infinitos de energia.

Falo do desvio para o vermelho, da matéria escura, do princípio da incerteza e do movimento das partículas porque nas aulas de ciências na escola aprendemos que o mundo é coerente, estável e concreto; que pode ser estudado e analisado porque está aí, bem à nossa frente, e isso pode ser provado em laboratório.

O que é verdade.

No entanto, surge outra perspectiva, que afirma existir uma **clara distinção entre o mundo concreto e o abstrato, entre o mundo físico e o espiritual.**

O que estamos aprendendo com a ciência, entretanto,
é que essa diferença não é tão clara.

Em outras palavras, a linha divisória entre
matéria
e
espírito
pode ser menor do que um fio de cabelo.

Em um artigo para a revista *Time* sobre físicos que pesquisam o Bóson de Higgs, Jeffrey Kluger escreveu que eles estão "lidando com algo maior do que mera física; algo que desafia a matemática e que se choca – pelo menos por um instante – com o espiritual".

Mas, obviamente, há cientistas que ficariam indignados com qualquer insinuação de que esse campo de estudo se aproxime do espiritual, salientando que não se trata de algo místico, mas de uma ciência muito objetiva. Há outros, porém, que acreditam que *chocar-se com o espiritual* é uma ótima maneira de expressar esses fenômenos, pois a *essência da realidade* é *corrente de energia.* Por maiores que sejam suas massas, por mais dura, sólida e aparente que seja sua materialidade, todas as coisas são, em última instância, relações de energia pulsante.

Essa energia não é destruída ou criada – simplesmente muda de forma ao mesmo tempo em que é conservada. Se você estiver lendo este livro impresso e resolver queimar o papel, o resultado da energia do livro não mudará; ele simplesmente irá desaparecer para se tornar outras coisas que não este livro.

A quantidade de energia efetiva no universo permaneceria a mesma.

E você não descobriria como o livro acaba.

Depois da *energia,*
vamos para o *envolvimento.*

Na visão comum do mundo que quase todos recebemos, sempre houve uma divisão clara entre sujeito e objeto. Pense no estereótipo do cientista se colocando de forma fria e distanciada atrás de uma parede de vidro, fazendo anotações numa prancheta sobre o que está sendo estudado. Não há nada de errado com essa imagem; na verdade, temos uma grande dívida para com esse tipo de prática devido às impressionantes descobertas e invenções que ele nos proporcionou.

Alguém conseguiu fazer com que mil músicas coubessem dentro do seu bolso. Isso é um feito e tanto!

Mas essa imagem de distanciamento, de assistir, examinar e analisar coisas a partir de um *não envolvimento*,
muitas vezes não produz resultados verdadeiros.

No nível quântico, observar o átomo é afetá-lo. A partícula é uma nuvem de possibilidades até ser observada, e depois ela escolhe um caminho específico. A pergunta que se faz é que determina se ela será respondida como onda ou como partícula.

Segundo a maneira como nos ensinaram,
o mundo está *lá fora*,
estacionário e imóvel,
sem ser afetado por nós.
No mundo quântico, porém,
observar *muda* as coisas.

Matéria, em última instância, é energia, e nossas interações com a energia alteram a realidade porque estamos envolvidos; nosso mundo é uma rede interligada de relacionamentos onde nada está isolado, sozinho ou é inabalável.

Mesmo quando há uma barreira de vidro real – tão útil e exata quanto os entendimentos científicos tradicionais o são – na verdade não há barreira de vidro.

Um axioma central desta visão de mundo isolada, distanciada e comum à modernidade é a presunção de que as coisas existem no espaço vazio e que nós estamos do lado de fora olhando para elas. Estudando, analisando, ficando à distância – observando o mundo que *está lá fora no espaço vazio.*

Contudo, o mundo quântico nos ensina que o espaço – qual seria a melhor palavra aqui? – é *vivo.* Partículas podem ser encontradas no que aparenta ser espaço vazio. A substância invisível entre nós, na verdade, contém alguma coisa.

Estamos todos envolvidos no mundo ao nosso redor. Não estamos de fora, só observando, mas olhando de dentro e fazendo parte dele.

O mundo é todo energia,
e estamos todos envolvidos.

Essas duas verdades,
a verdade sobre a energia e a verdade sobre o envolvimento, nos levam a uma terceira verdade, a da surpresa.

Sua torradeira não faz o que deveria fazer. Sério.

Todas as coisas que aquecem registram diferentes cores, cada nova cor representando um aumento na temperatura. E então, de acordo com os pressupostos vigentes sobre calor e cor correspondente, sua torradeira deveria irradiar o azul.

Mas não;
ela irradia o vermelho.

Que partícula atravessará a vidraça na vitrine da loja,
e qual refletirá de volta?
Onde aquele elétron desaparece e quando ele reaparecerá – e onde?
Podemos prever
e também conseguimos identificar padrões,
mas, em nível mais básico,
nós não sabemos.

O mundo nos surpreende.
E surpreende os cientistas também,
frequentemente.

Energia,
envolvimento
e surpresa.

Eu falo de tudo isso porque quando as pessoas questionam a ideia de Deus, com o argumento de que há muito mais coisa além das palpáveis e comprováveis observações e experiências do mundo, **elas não estão levando em conta o mundo inteiro.** Uma breve consulta à ciência moderna nos conduz rapidamente a dados bastante persuasivos que mostram que os cientistas mais brilhantes, atualizados e bem-informados são constantemente surpreendidos pelo *que mais* existe no universo.

III. Você, poeira cósmica!

Isso nos conduz a você,
que está no meio disso tudo.

Na verdade, *nós estamos* no meio disso tudo, entre o maior tamanho que podemos compreender – toda a largura do universo – e o menor tamanho descoberto nele até agora.

E você,
bem...
você é fascinante.

Você perde de 50 a 150 fios de cabelo por dia, elimina 10 bilhões de células de pele num só dia,
a cada 28 dias você ganha uma pele completamente nova
e a cada 9 anos todo seu corpo é renovado.

(Essa pele morta que eliminamos produz até 90% da poeira doméstica. Portanto, sinta-se livre para usar mais vezes o aspirador de pó.)

E, ainda assim, seu corpo,
apesar de todo esse eliminar, morrer, mudar e renovar incessantes,
continua sendo você,
fio por fio,
célula por célula,
átomo por átomo.

Seu corpo é composto de cerca de 75 trilhões de células, cada uma delas contendo centenas de milhares de moléculas com quase dois metros de DNA, e cada célula contendo mais de três bilhões de códigos. Estas células são uma mistura poderosa de matéria e memória: ossos, cabelo, sangue, dentes e, ao mesmo tempo, personalidade, essência, predisposições e hábitos.

Você é uma combinação exótica de matéria e memória, com uma linha tênue no meio.

Milhões de células se movimentam pelo universo, refinadamente harmonizadas nesse exato momento para ser você, porém, elas inevitavelmente se articularão nos próximos segundos para se transformar em outras coisas e em outras pessoas.

Os átomos que tornam você *você* neste exato segundo podem ter sido anteriormente parte de uma cegonha,
de Marte,
de um cogumelo,
de um polvo,
de um coco,
de uma cidade,
de Buda
ou de alguma celebridade.

Imagine que seu tio tenha morrido e que no testamento tenha lhe deixado seu tão querido barco de madeira. Você amava seu tio e, em nome do respeito que tinha por ele, decide reformar o velho barco. E começa pelo casco, substituindo as tábuas antigas por novas. Mas enquanto reforma o casco, você descobre que o deque também necessita de reparos. Então no ano seguinte você retira toda a madeira gasta do deque e troca por tábuas novas, até que o barco tenha um ancoradouro inteiramente reformado. De repente, você percebe que as ferragens não estão mais confiáveis e não sabe se o barco funcionará quando finalmente colocá-lo na água. Então começa a trocar as peças... Se mantiver esse ritmo, você acabará reformando o barco inteiro e, no entanto, quando levar seus amigos para passear, dirá que é o barco que seu tio lhe deixou em testamento.

A realidade que resiste do barco está, portanto, no protótipo e não nas tábuas.

As tábuas vêm e vão, mas o protótipo permanece. *Você* é um protótipo se movimentando pelo tempo, mudando permanentemente e, ainda assim, consistente. Alguns já disseram que somos como "a luz no fim de um cartucho giratório".

Os elementos básicos da vida são bem comuns – hidrogênio, carbono, nitrogênio, oxigênio e alguns outros. A sujeira abaixo de nós, o céu acima de nós, o sol, a lua e as estrelas; somos todos feitos do mesmo material.

Logo, quando você lê sobre antigos cantores e atores que foram grandes *estrelas* – bem, é claro que eles foram... *todos nós* fomos estrelas.

Compartilhamos mais de 60% de nossos genes com a mosca das frutas, mais de 90% de nossos genes com os ratos e 96% de nosso DNA com os símios de grande porte.

Recentemente, um de meus filhos ficou com um dente mole. Ele ficava balançando o dentinho sem parar, tentando fazê-lo cair. Até que caiu – quando estávamos na praia. Meu filho começou a pular na areia, comemorando, fazendo uma daquelas piruetas que só um menino de 11 anos consegue fazer, erguendo o dente acima da cabeça, vitorioso.

Então ele se virou para mim e perguntou: "Se eu jogá-lo no mar, ainda vou ganhar alguma coisa da fada do dente?" Eu disse que sim, me sentindo livre para responder em nome da fada do dente, que por acaso estava sentada ao meu lado com trajes de banho.

Ele correu para a beira do mar,
tomou impulso com o braço
e lançou seu dente no oceano.

Estou contando essa história porque em algum momento do dia de hoje você irá comer. Irá comer por diversas razões, mas principalmente porque precisa permanecer vivo. Se não comer, morrerá, pois seu corpo necessita de alimento. E comida vem da terra. Ela é plantada, regada, cultivada, exposta ao sol, e então colhida, transportada, preparada e colocada no seu prato. Entre o sol, a chuva e os nutrientes do solo, essa comida recebeu o que foi preciso para lhe manter vivo.

Pelo menos por um tempo. Porque em algum momento todos nós morreremos.

Seu corpo então será enterrado, onde será gradualmente decomposto até retornar para o solo – o mesmo solo que proveu os nutrientes para que crescesse o alimento que hoje lhe mantém vivo...

Nosso corpo, que é 65% água,
vem da terra,
é sustentado pela terra
e voltará à terra.

O impulso, portanto, de lançar o dente no oceano é bastante
sensato,
para não dizer poético.

Nós fomos feitos do pó e viemos das estrelas,
somos ao mesmo tempo pele e alma,
sangue e ser,
com 37°C de temperatura irradiando permanentemente cerca de 100 watts de energia ao nosso redor, contendo 7x10^{18} joules de energia potencial, o que equivale a 30 bombas de hidrogênio.

Estou relatando isso tudo porque, quando me refiro a você, estou falando do paradoxo que está na raiz da nossa humanidade – que nós fomos feitos de pó e estrelas, de energia e protótipos de tábuas e, ainda assim, conforme está escrito nos Salmos, fomos coroados de glória e honra.

Nós somos ao mesmo tempo
grandes e pequenos,
fortes e fracos,
extraordinários e ignóbeis,
refletindo a imagem do divino
e modelados no pó.

Ficamos presos no trânsito e em um segundo estamos praguejando, mas, sentados junto ao leito de um amigo morrendo de câncer, somos inundados por um oceano de compaixão.

A farpa mais discreta lançada por um colega de trabalho faz nosso sangue ferver, e, no entanto, quando um amigo entra na igreja na hora de seu casamento, nosso coração se derrete.

Podemos achar as tarefas mais básicas incrivelmente desafiadoras e nos sentir impotentes e sem força de vontade. No entanto, quando entramos num prédio projetado por um gênio da arquitetura, observando como a luz atravessa a vidraça e admirando o modo como o espaço foi concebido, perguntamos, extasiados: "Como alguém pôde projetar isso e depois vê-lo se tornar realidade?"

Somos uma mistura exótica do
assombroso
e
patético,
incrível
e
fraco,
grande
e
pequeno.

Ouvimos histórias de pessoas cegas que escalaram o Monte Everest e escutamos notícias sobre *serial killers* atirando contra a multidão num cinema,

e ficamos surpresos,
pois ainda nos fazemos a mesma velha pergunta:
De que nós somos feitos?

A resposta,
claro, é:
de átomos.

Você é feito de trilhões de átomos.

Esses trilhões de átomos formam moléculas,
essas moléculas formam células,
essas células formam sistemas –
nervoso, imunológico, límbico, circulatório, digestivo, muscular, respiratório, esquelético, só para nomear alguns –,
e esses sistemas, finalmente, formam um sistema muito maior e mais complexo, que nós conhecemos como **você.**

Esse arranjo que faz você ser *você* é resultado de uma coisa chamada **hierarquia**, na qual cada componente é anexado a outros componentes similares para, juntos, formarem alguma coisa nova ainda mais complexa.

Há mais átomos do que moléculas; porém, uma molécula é mais complexa do que um átomo.
Há mais moléculas do que células,
mas uma célula é mais complexa do que uma molécula.
E assim segue toda a hierarquia, com níveis maiores de organização a cada estágio mais elevado.

Cada estágio mais elevado, então, é menor em número, porém, maior em complexidade. Menor em quantidade, maior em profundidade.

De
trilhões de átomos
para
um você.

Esses trilhões de átomos estão incessantemente indo e vindo, bilhões de vezes por segundo, todos conhecendo seu lugar dentro da hierarquia que é você, e, no entanto, cada um desses átomos é capaz de, a qualquer momento, deixar de ser você e se unir a outra hierarquia, ocupando-se da tarefa de criar outro alguém ou alguma outra coisa.

Este problema da hierarquia e das partes nos leva a algo chamado ***holismo.***

Para entender o holismo, imagine os melhores cientistas do mundo cortando você em pedaços, osso por osso, célula por célula, átomo por átomo.

Aliás, é melhor não. Isso é grotesco.

Vamos tentar por outro ângulo: você deve ter um cotovelo; muito provavelmente até dois. Ele é seu, mas onde encontraríamos *você* nele? Um cotovelo é feito de pele, ossos, sangue e tendões. Todos esses elementos básicos são feitos de elementos mais básicos ainda, que são feitos de átomos, os quais estão constantemente se aproximando e se distanciando de você, partindo para criar outras pessoas, coisas e lugares, talvez até outros cotovelos em outras pessoas.

Isso levanta a seguinte questão:
Afinal, onde está você no seu corpo?

Seu corpo poderia ser todo dividido, até o último átomo, e ainda assim não poderíamos localizar a essência do que sabemos ser você. Um osso é só um osso. Cada osso é feito do mesmo material que todos os outros. Ao mesmo tempo, no entanto, se eles pertencem a você, são exclusivamente seus.

Isso porque há dimensões que transcendem os pedaços e partes concretas que você reconhece como sendo de seu corpo

– atributos e características que surgem somente em um nível coletivo maior, quando todas estas partes se juntam para formar você. **Holismo é a realidade que só aparece quando todas as partes estão reunidas, mas que não podem ser identificadas individualmente.**

O ordenamento hierárquico se refere às partes do seu corpo
e seu corpo é feito de muitas partes –
206 ossos,
proteínas que colidem entre si um bilhão de vezes por segundo,
enzimas que executam mil tarefas por segundo,
um cérebro com 100 bilhões de neurônios interligados,
cada um tendo 10 mil conexões e sinapses –
e, mesmo assim, você é muito mais do que a soma de tudo isso,
da mesma maneira que romances são mais do que meras palavras,
músicas são mais do que apenas notas,
e barcos são mais do que um monte de tábuas.

Holismo é a ideia de que sua consciência, sua personalidade e sua percepção de mundo não podem ser encontradas em seu corpo físico, assim como sua identidade, seus pensamentos, seus medos, seu sorvete predileto e sua opinião sobre os filmes de Jim Carrey não podem ser detectados em seu cotovelo, nariz ou pâncreas.

Holismo é a consciência de que você não pode segurar a *alma* em suas mãos.

Holismo é a realidade viva e pulsante de que você inteiro é mais do que a soma de suas partes.

Holismo é o mistério no coração de sua existência – é o fato de que tudo que faz você ser exclusivamente *você* não pode ser medido, avaliado ou até mesmo encontrado em qualquer meio tradicional, racional ou científico.

Tais verdades conduzem a um conceito mais amplo do holismo, que continua a se desdobrar através e além do próprio tempo.

Retroceda centenas de milhões de anos até as formas de vida mais primitivas que existiram bem antes de qualquer humano vaguear pela Terra, fazer fogueiras e colocar penduricalhos no espelhinho do carro.

Por acaso as bactérias primitivas conversavam sobre de onde vieram?

Os dinossauros escreviam poemas sobre seu desejo de fazer diferença no mundo?

Não, não faziam isso. Não faziam porque dinossauros não tinham consciência de que eram dinossauros; algas, bactérias, árvores e pântanos não tinham raciocínio; e os peixes nem sequer imaginavam por que coisas ruins aconteciam a peixes bons.

É óbvio, mas assombroso.

A consciência só chegou muito tarde na criação, com o surgimento dos humanos, e provavelmente não chegou em todos os humanos até um período relativamente recente na história.

Você tem consciência de quem você é, mas esse fenômeno não existiu na Terra durante bilhões de anos.

Há um movimento em curso por uma expansão da consciência, da percepção e da conectividade. Esse movimento vem se desenvolvendo ao longo da história, uma iluminação contínua que transcende a todos nós, a todas as culturas e à humanidade como um todo. Um holismo expressivo e épico que não para de aumentar em complexidade, profundidade e alcance.

Mas, afinal, por que toda essa conversa sobre hierarquia e holismo?

Porque muitas pessoas têm dificuldade de acreditar em Deus pelo fato de não podermos vê-lo, por não termos provas contundentes de Sua existência e por não possuirmos dados concretos a respeito Dele que possamos estudar, analisar e avaliar de modo científico e tangível.

O outro lado de tudo isso é que todos nós concordamos que você existe. Você, seus cotovelos, seu pâncreas e seus órgãos genitais são palpáveis e podem ser medidos e avaliados de maneiras muito concretas – mas, e sua alma? É um pouco mais difícil de capturar. E ainda mais de medir e estudar.

E ainda assim todos nós concordamos que você é mais do que seu corpo físico.

Alguém disse que a alma é inominável.

Um pouco como Deus porque, quando falo de Deus, estou falando de uma realidade conhecida, sentida e experimentada, mas que não pode ser situada em nenhum espaço físico específico de nenhuma forma tangível.

Quando falamos de Deus, portanto, estamos falando de algo muito real, mas ainda assim distante de nossos meios de análise e descrição convencionais.

Os alemães têm uma palavra para isso: *grenzbegrifflich.*

Grenzbegrifflich descreve aquilo que é real, mas que está além da análise e da descrição. Quando falo de Deus, estou me referindo a este sentimento intuitivo de que a realidade emana de um Deus que é *grenzbegrifflich.*

Para explicar melhor o que *grenzbegrifflich* significa, preciso contar o que me aconteceu durante um passeio de skate na Carolina do Norte há pouco mais de 20 anos.

IV. O mar em que estamos nadando

Eu estava visitando um amigo em Charlotte, e à noite ele me levou para percorrer a cidade de skate, mostrando-me seus lugares preferidos. No fim do passeio, ele me levou a um lugar aberto, plano e cimentado que desembocava numa grande rampa improvisada. Meu amigo pegou velocidade e desceu a rampa; empolgado, fui atrás dele.

Eu descia cada vez mais rápido e comecei a me aproximar da borda da rampa. Acabei descobrindo da pior maneira possível que aquele espaço já tinha sido usado como estacionamento e que não haviam retirado toda a estrutura que antes formava o meio-fio. Quase oito centímetros de vergalhão se projetavam no meio da pista, no escuro, detendo meu skate abruptamente. Voei para a frente, quase o Super-Homem, e me estatelei de cara no concreto.

Esse é o tipo de coisa que garotos de 15 anos descobrem no YouTube e assistem dezenas de vezes, rindo histericamente do cara que foi arremessado do skate.

E, é claro, rolou muito sangue.

Quando conto esta história, você não se surpreende com a parte *física* dela – porque no ensino médio todos nós aprendemos que *um objeto em movimento tende a permanecer em movimento, a não ser que seja atingido por uma força externa.*

Sabemos disso porque nas aulas de ciência nos ensinaram a chamada *visão clássica* do mundo, baseada nas leis mecânicas da física de Isaac Newton. Essas leis (que envolvem velocidade, massa e movimento) estão de tal forma enraizadas em nosso pensamento que é difícil compreendermos o quanto elas foram consideradas revolucionárias em 1687, quando Newton as publicou no seu livro *Princípios Matemáticos da Filosofia Natural.* Até essa época, as pessoas creditavam o funcionamento do mundo a essa maneira porque, bem... porque *Deus fez dessa maneira.*

É assim que as coisas são; por que alguém precisaria de uma explicação além dessa?

Newton não pensava assim. Ele insistia que havia leis e explicações racionais e previsíveis que governavam o universo, e que havia causas que levavam a efeitos.

Newton mostrou que se pode conhecer a velocidade *e* a posição de alguma coisa porque *o movimento era entendido como contínuo e coerente.* Com informações exatas sobre peso, velocidade e outras variáveis, os resultados poderiam ser calculados com precisão. Esta nova visão de mundo trouxe toda uma gama de possibilidades. Coisas puderam ser construídas, criadas, projetadas e organizadas por caminhos e esquemas previamente traçados. Foi possível medir a quantidade de força opositiva que seria necessária para deter, mover, empurrar e puxar coisas de determinados pesos e velocidades.

À medida que mais explicações foram surgindo sobre a razão de as coisas serem do jeito que são, a ideia de um relógio de parede (com suas medições precisas e consistência duradoura), por exemplo, substituiu a ação dos deuses como a principal explicação para o funcionamento do universo. Engrenagens, polias, botões e roldanas tornaram-se imagens conhecidas – com todas as partes funcionando juntas como uma máquina eficiente e bem-calibrada.

Uma nova maneira de ver o mundo emergiu, orientada por uma regularidade precisa –

metódica,
exata,
previsível.

Junto com essas novas maneiras de conceber o mundo físico vieram novos modos de pensar sobre *como* nós conhecemos o que conhecemos. Todo mundo já ouviu a frase "Penso, logo existo", de René Descartes. Mas ninguém é capaz de imaginar quanto ela foi inovadora quando dita pela primeira vez, pois, para a maioria das pessoas daquela época, o conhecimento havia sido dado aos humanos por Deus, por meio da *revelação*. Se você perguntasse a uma pessoa como ela sabia o que sabia, a resposta padrão era: "Deus me revelou." Mas Descartes não acreditava nisso. Ele defendia que nós podemos saber o que sabemos não porque um ser divino decidiu revelar para nós, mas porque chegamos a esse conhecimento por meio da própria e lógica e razão.

Foi naquele período que se criou o método científico, que envolve a observação, o levantamento de hipóteses, a experimentação, a análise de dados e a conclusão. A imagem do ser humano passivo que recebia conhecimentos diretamente de Deus foi substituída pela imagem do cientista que se debruçava sobre um tema, de maneira objetiva, fazendo observações precisas e chegando a conclusões valiosas.

Essa explosão de descobertas e explorações, também chamada de Iluminismo, impulsionou a história de inúmeras maneiras, deixando para trás a Idade das Trevas e o mundo medieval e avançando para uma nova era de tecnologias, conhecimento e desbravamentos intelectuais surpreendentes.

Este salto iluminista nos proporcionou variadas formas de compreender o mundo. Mas esse entendimento também tem limites, dos quais nos tornamos conscientes quando falamos sobre Deus.

Antes de prosseguirmos, vamos examinar brevemente dois desses limites e analisar como eles condicionaram nossas crenças e práticas.

Primeiro, um limite que impacta a maneira como filtramos o conhecimento.

Enquanto a razão e a lógica se tornavam cada vez mais proeminentes, **outras formas de conhecimento iam ficando menos relevantes.** Se o único modo de conhecer as coisas é por meio de investigação e testes, o que acontece quando conhecemos algo que contorna esses experimentos e processos específicos? Será que *tudo* o que sabemos precisa ser provado intelectualmente?

No laboratório, para que alguma coisa seja validada, ela tem que ser submetida a inúmeros experimentos. Deve haver uma prova concreta. Mas o que dizer das coisas que sabemos ser verdade, mas que dificilmente conseguiríamos provar se fôssemos questionados?

Tente explicar por que aquela música o emociona tanto.

Elabore uma tese sobre por que você se apaixonou por *aquela* pessoa.

Descreva, com dados objetivos, como aquele encontro com seus amigos fez bem para sua alma.

A maioria das coisas sobre as quais temos mais certeza (experiências que para nós são mais reais do que qualquer outra coisa, sentimentos sobre os quais não temos a menor dúvida) não pode ser comprovada cientificamente.

E isso nos remete a uma verdade fundamental: há outras maneiras de conhecer as coisas além daquelas que passam pelo intelecto.

Em laboratório, podemos nos posicionar objetivamente diante do objeto de estudo, testando, retestando, examinando, filtrando informações através das lentes da racionalidade.

Mas fora do laboratório,
na vida real,
algumas experiências *atuam sobre nós.*
E, quando isso acontece,
nos entregamos a elas *passivamente.*

Nós somos muito complexos,
e o mundo também –
há muitas surpresas,
muitas possibilidades,
muitas coisas que desafiam nossas limitadas categorias lógicas
e que não cabem no filtro apertado da razão.

O intelecto tem um jeito próprio de construir cercas em torno do coração, afastando-nos daquilo que sabemos ser verdade *por meios que não podem ser provados.* Com o Iluminismo aprendemos a captar, controlar e dominar aquilo que estudamos; ficamos atrás da parede de vidro e fazemos as observações apropriadas.

Agora vamos falar do segundo limite, que tem nos influenciado por centenas de anos e que diz respeito a partes e totalidades.

Imagine o rebuliço que deve ter sido para as pessoas da época aprender que o Sol não gira em torno da Terra, que os vulcões entram em erupção por outras razões que não a ira divina, que os desfiladeiros foram formados por causas naturais e não por mãos gigantescas, e que o nosso planeta não repousa sobre um casco de tartaruga. Quanto mais explicações lógicas e racionais eram dadas para mostrar como o mundo funciona, mais as antigas explicações sobrenaturais, mágicas e míticas se tornavam irrelevantes. Acabou que muitos dos fenômenos não eram tão misteriosos quanto todo mundo presumiu durante milhares de anos. Este conhecimento científico nascente levou a novas questões: se *isto* pode ser explicado de maneira bastante lógica, *aquilo* também pode? E *aquilo?* Ou *aquilo* outro? Isso equivale a dizer que, com o tempo, descobriremos *tudo?*

Essas indagações remeteram a questionamentos ainda maiores, que se tornaram presunções e que, por fim, evoluíram para crenças. A base desse processo era a questão fundamental:

No fim, tudo pode ser explicado sem nenhuma causa sobrenatural, mítica, mágica ou *divina?*

À medida que essas presunções foram incutidas em nós, elas levaram à crença de que *chegaremos a explicações para tudo.* O que quer que seja um mistério para nós agora, com o passar do tempo seremos capazes de reduzi-lo e compreendê-lo por meio de explicações claras, lógicas e racionais.

E esta crença repousa sobre uma fé ainda mais profunda – uma fé extremamente significativa: se tudo pode ser explicado sem nenhum fator externo, sobrenatural ou divino, então o universo é, em última instância, a soma de suas partes.

Este sistema de crença está baseado na *redução* e se apega na fé de que, com o passar do tempo, teremos todas as respostas, e o mistério, assim como Elvis, terá saído de cena.

Reduza o que quer que seja às suas partes mais ínfimas
e conseguirá as respostas que você procura...
porque, no final,
as coisas são o que são,
nem mais,
nem menos.

A obra de Newton apontava para um mundo racional e reducionista, onde há causas que levam a resultados previsíveis. Um mundo onde a matéria é estável e coerente, com todas as partes independentes funcionando juntas para formar o todo.

Um mundo onde tudo o que existe é, no final das contas, tudo o que existe.

Mas quando falo de Deus, estou falando do ser divino que não pode ser localizado concretamente com o tipo de prova que o reducionismo demanda, da mesma maneira que *você* não pode ser localizado nas suas pestanas, na sua espinha ou nos seus ombros.

Nós somos como peixes nadando no mar do Iluminismo, nos beneficiando do progresso e ainda assim limitados pelos filtros estreitos do intelecto e do reducionismo, que insistem em afirmar que isso é tudo que existe.

Falar de peixe nos conduz a outra dimensão do Deus que é *grenzbegriff*, uma dimensão que envolve adesivos de para-choque.

Você já viu aquele adesivo que alguns cristãos colam no carro e que tem o formato de um peixe? Isso vem de uma tradição do século I, quando os cristãos esculpiam ou pintavam este símbolo em sua casa ou local de trabalho para que as pessoas soubessem que eles eram seguidores de Jesus. Em resposta a esse adesivo, outro grupo coloca um adesivo semelhante em seus carros: o mesmo peixe, mas com pernas e uma cauda, e a palavra "evolução" escrito no meio. Essa imagem simboliza o evolucionismo, algo que o dono do carro entende equivocadamente como *contrário* ao adesivo de Jesus. Eu já vi carros com os dois adesivos colados, um acima do outro – como se mandasse a mensagem "sim, dá para brincarmos juntos".

Enquanto a batalha dos adesivos prossegue, tudo relativo a ela é um grande exercício de errar o alvo.

Sendo que o alvo é a hierarquia e o holismo.

A cada dia surgem novas teorias; elas são testadas, modificadas, ajustadas; e por vezes uma teoria melhor aparece para ocupar o lugar daquela que apresenta falhas – assim é o processo científico. Ele é magnífico nos níveis mais baixos de hierarquia, nos ajudando a entender melhor os neurônios, as pedras, os oceanos e as espécies.

Contudo, o processo científico é deficiente nos altos níveis de hierarquia quando encontramos o holismo.

A ciência faz um excelente trabalho quando explica por que eu não tenho cauda, mas não consegue explicar por que eu acho isso interessante.

A ciência brilha quando lida com partes e pedaços, mas não tem um desempenho tão bom com a *alma*.

Ela pode fazer um ótimo trabalho explicando como nós humanos e outras espécies nos adaptamos e evoluímos, mas deixa a desejar quando se trata da reverência sussurrando dentro de nós.

Eu digo isso tudo sobre ciência e fé porque, quando falo de Deus, estou falando sobre a fonte de *toda* a verdade, seja qual for o rótulo que ela contenha, seja quem a pronuncie ou onde quer que ela seja encontrada – num laboratório ou numa catedral, no barzinho da esquina ou em Marte.

Isso é importante porque, para muitos,
em algum ponto do caminho a realidade foi dividida
entre o secular e o sagrado,
o religioso e o banal,
o santo e o comum –
ficando subentendido que se pode falar
de um
ou
de outro
mas não de *ambos*
ao mesmo tempo.

Esse entendimento des-integrado da realidade –
aquele que coloca Deus de um lado e não do outro,
aquele que divide o mundo em dois compartimentos –
é letal, nos desliga das profundezas e nos separa da fonte.

Porque às vezes precisamos de um médico,
às vezes precisamos de um poeta.
Às vezes precisamos de um cientista,
e outras vezes precisamos de uma canção.

Portanto, aqui está um pouco sobre você e o universo, e sobre o Deus que é *grenzbegriff*. Agora, para fechar este capítulo, vamos até Boston.

Há alguns anos, ao final uma palestra que dei nessa cidade, uma mulher aproximou-se de mim para contar uma história que aconteceu quando ela estava no hospital tratando de um câncer. Ela se sentia muito deprimida, achando que não conseguiria vencer a doença, quando a enfermeira do plantão noturno entrou em seu quarto e começou a cuidar dela com carinho. Durante toda a noite, a enfermeira voltou ao seu quarto, verificou os aparelhos e conversou com ela de um jeito que a reanimou e lhe encheu de esperanças. No dia seguinte, ela perguntou para a enfermeira da manhã qual o nome de sua colega da noite.

A enfermeira do dia lhe disse que ninguém com aquela descrição física trabalhava naquele andar do hospital, muito menos no quarto daquela paciente.

O que fazer com uma história como essa?

Como pastor, já ouvi inúmeras histórias semelhantes ao longo dos anos. Pessoas descobrem que estão sem dinheiro para comprar comida, e de repente a campainha toca e elas encontram do lado de fora várias sacolas repletas de alimento. São histórias realmente estranhas, desconcertantes, surreais. Algumas podem ser atribuídas a mera coincidência, mas, com o passar dos anos, ouvi centenas delas – e não só de pessoas religiosas que carregam bíblias enormes, mas também de intelectuais, empresários e especialistas em áreas tão técnicas que eu mal consigo compreender o que eles fazem o dia todo.

Muita gente pode ouvir o relato daquela mulher no hospital e dizer "É claro! Era um anjo tomando conta dela. Eles estão sempre ao nosso redor, nos vigiando, nos guiando e nos protegendo", citando alguns versículos da Bíblia e contando *suas próprias* experiências com os anjos.

Mas também há quem rotule tudo isso de fanatismo, argumentando que esse relato pertence à mesma categoria das histórias de cegos que voltam a enxergar depois de uma oração.

Eu nunca esquecerei a conversa que tive com uma mulher acerca da ressurreição de Jesus, que ela classificava como fantasia, assim como "todas essas crenças em coisas que não existem". A discussão acabou descambando para pessoas sendo engolidas por baleias, andando sobre o mar e ressurgindo dos mortos.

Entretanto, há um problema em descartar de cara a possibilidade dos milagres, e esse problema são as partículas subatômicas que, conforme já aprendemos aqui, desaparecem num lugar e aparecem em outro *sem percorrer a distância entre eles.* Coisas estranhas *acontecem*, coisas sem antecedente e sem explicação, a cada dia, a cada momento, bilhões e bilhões de vezes por segundo, em volta de nós e em nosso corpo. O tempo é sinuoso, curvo, incongruente. O universo é arqueado e, se a Terra fosse só um pouquinho mais próxima do Sol, nós todos seríamos cozidos, e se fosse um pouquinho mais afastada, congelaríamos.

Tudo isso – vamos usar uma palavra muito específica aqui – é *miraculoso.* Você, eu, o amor, os quarks, o sexo, o chocolate, a velocidade da luz, tudo isso é miraculoso, e sempre foi.

Nós moramos num universo muito estranho. Tão estranho que 96% dele permanecem desconhecidos.

Contei essa história da mulher no hospital porque quando falo de um Deus *grenzbegriff*, estou falando de uma fé intelectualmente honesta que é aberta o bastante para admitir que alguns fenômenos não têm explicação racional.

Ter a mente fechada para qualquer coisa que não se encaixe nas categorias predeterminadas e politicamente corretas do humanismo secular é negar nossas experiências verdadeiras no mundo.

Estamos todos aqui, isso é real, as partículas subatômicas viajam por todos os caminhos possíveis e depois, quando são observadas, escolhem e não há precedente para uma coisa como essa. Isso não é negar a importância da prova, do teste empírico e da lógica; isso é reconhecer que alguns acontecimentos, experiências e verdades ocorrem fora dessas categorias específicas.

Permita-me fazer uma última reflexão. No mundo de hoje, ouvimos frequentemente as pessoas falarem sobre como é necessário ter a mente aberta e como a religião pode *fechar a mente.*

É inegável que a religião pode levar algumas pessoas a se alienar totalmente, porém os termos *mente aberta* e *mente fechada* não são aplicados da maneira correta neste contexto. Acreditar que o que podemos ver e provar é tudo o que existe e que somos apenas um amontoado de neurônios e átomos – isso é estar *fechado* para qualquer coisa que esteja além da realidade palpável.

Acreditar que existem mais coisas acontecendo, que pode haver uma realidade que esteja além daquilo que a ciência pode aferir e compreender –

isso é estar *aberto.*

CAPÍTULO 3

Juntos

Agora que já exploramos os mistérios do universo em que vivemos e a maneira como elaboramos nossos pensamentos acerca daquilo que conhecemos, vamos conversar um pouco sobre nosso jeito de falar de Deus.

Você já escutou alguém afirmar algo sobre Deus com tantos detalhes e tanta convicção que pensou: "Quem é essa pessoa para saber disso?" Ou talvez tenha acontecido o contrário: já ouviu alguém discursando sobre estarmos no meio de um gigantesco emaranhado cósmico e não termos a menor condição de afirmar qualquer coisa a respeito da existência de Deus?

Em um caso, a certeza da pessoa era irritante;
no outro, a desconfiança foi o que lhe desagradou.

Mas, em ambos os casos, o que vemos é a importância de entender o *que* estamos falando, e depois *como* falamos.

Vamos supor que certo dia você volte do almoço e encontre todos os seus colegas de trabalho reunidos em torno de Sheila. Você pergunta o que aconteceu e descobre que o namorado dela, Simon, a pediu em casamento. Quando pede que conte mais sobre ele, Sheila começa: "Bem, ele é de Kentucky, tem 1,70m de altura, seu carro é um Toyota, ele calça 39, é canhoto, joga boliche nas terças à noite e detesta maionese."

Em algum ponto do relato de Sheila você poderia pensar: "Isso é estranho."

Não porque Sheila esteja mentindo ou desconversando, mas porque ela está *contando a verdade* sobre Simon, coisas que podem ser objetivamente comprovadas. Você acha estranho porque mulheres que acabaram de ficar noivas não costumam contar se o parceiro gosta ou não de maionese.

Ou então, vamos imaginar que seu carro esteja fazendo um barulho esquisito e você decida levá-lo à oficina. O mecânico olha debaixo do capô, depois sai para dar uma volta e, quando retorna, diz que "seu carro está de mau humor e com certeza há alguns problemas que precisam ser resolvidos".

Isso não ajuda muito, pois você precisa saber exatamente o que está acontecendo, quais peças precisam ser substituídas, quanto tempo o conserto vai demorar e quanto vai custar.

Digamos ainda que você esteja no meio de uma cirurgia de coração, deitado com o peito aberto e ouça o cirurgião dizer para a enfermeira: "Ei, me passe um daqueles bisturis – mas escolha um bem cortante, que tenha atitude."

Fora o absurdo óbvio de você estar *desperto* durante uma cirurgia de coração, por que lhe incomodaria ouvir o médico falar desse jeito? Porque você quer ter certeza de que o cirurgião sabe *exatamente de qual* bisturi ele necessita para fazer seu trabalho. Você quer ouvi-lo pedir um bisturi RQ8F7 de lâmina dupla com as funções tal e tal, ou algo parecido.

É importante observar que existem tipos diferentes de linguagem.

Há a linguagem técnica e meticulosa, aquela que os cirurgiões e os mecânicos utilizam por serem as mais objetivas possíveis para determinar o que está errado em suas áreas específicas.

Temos contato com essa linguagem de várias maneiras todos os dias, porque sem ela não tomaríamos a dose certa do remédio, os aviões não conseguiriam decolar e pousar, não saberíamos usar nossos aparelhos eletrônicos.

Mas quando Sheila revela detalhes de Simon, sendo bastante precisa sobre a altura dele e o lugar onde ele nasceu, algo parece fora de lugar, porque esperava-se que Sheila dissesse alguma coisa *menos* técnica, factual e literal, e *mais* romântica e figurada – algo como: "Finalmente sinto que encontrei minha outra metade."

A linguagem técnica tem limites. Ela pode descrever algumas coisas muito bem, mas em outras situações, como no amor, é inadequada.

Quando somos traídos, dizemos que é como se tivéssemos levado um soco no estômago.

Quando nossos filhos dão seus primeiros passos, dizemos que estamos no céu.

Mas a realidade é que não levamos um soco no estômago nem estamos no céu.

Experiências intensas e situações extremas –
como uma grande dor ou angústia,
ou alegria indescritível e êxtase –
necessitam de uma linguagem radical, grande, desmedida, porque outros tipos de expressões não são suficientes.

A linguagem é flexível, capaz de adquirir diversas estruturas. Há o discurso formal, a poesia, a metáfora, a paródia, a reportagem, a fábula, a analogia, o haicai, os manuais de instrução, o palíndromo...

A linguagem é ágil, dinâmica, às vezes vai direto ao ponto; outras, usa floreios e desvios. Às vezes ela descreve apropriadamente conceitos, mecanismos e processos complexos, mas, outras vezes, só a linguagem não é o bastante.

Recentemente, recebi a notícia de que o pai de um colega dos meus filhos havia se matado. Todos os dias, durante três anos, eu havia cruzado com ele no estacionamento da escola, no campo de futebol e em vários outros lugares. E aí ele partiu.

Há momentos para os quais não existem palavras.
Às vezes, palavras e frases não podem fazer jus à situação.
Às vezes a linguagem falha
e nós ficamos mudos.

Logo, quando falamos de Deus, estamos usando a linguagem. Esta linguagem usa um amplo repertório de palavras, frases e expressões para descrever uma realidade que está fundamentalmente além de palavras, frases e expressões.

No livro do Êxodo, Moisés é orientado a se esconder atrás de uma rocha porque Deus iria passar por ali e Moisés poderia ver apenas suas *costas*. O melhor que ele conseguiria obter seria um vislumbre de Deus. No Novo Testamento está escrito que Deus "habita em luz inacessível a quem ninguém viu nem pode ver".

Há limites para a certeza sobre Deus porque Deus é espírito. E espírito não tem visibilidade ou mesmo forma. Jesus disse que o Espírito é como o vento que vem e vai e sopra onde quer.

Palavras e imagens nos remetem a Deus;
elas nos ajudam a perceber o divino,
mas elas não são Deus.

No mundo antigo, observou-se que as mulheres ficavam grávidas somente quando se deitavam com um homem. Então presumiu-se – com base nos entendimentos primitivos e limitados da biologia da época – que a contribuição do homem devia ser a essência da força vital e que a contribuição da mulher era ser o lugar onde tal força era depositada, carregada e nutrida. Acreditava-se que Deus era a força vital do mundo; portanto, Deus devia ser um pai.

As palavras e expressões vêm e vão com o tempo porque nossos conceitos de Deus e as imagens que utilizamos para visualizar e explicar esses conceitos são profundamente condicionados pelos padrões, costumes e tecnologias do mundo em que vivemos.

E, assim, há imagens masculinas de Deus – Jesus chegou a orar para seu "Pai que está no céu" –

e o profeta Isaías menciona Deus dizendo:

"Haverá mãe que possa esquecer seu bebê que ainda mama e não ter compaixão do filho que gerou? Embora ela possa esquecê-lo, eu não me esquecerei de você!"

Quando Deus é descrito como
pai ou
mãe ou
juiz ou
oleiro ou
rocha ou
fortaleza ou
guerreiro ou
refúgio ou
poder ou
amigo ou
legislador,
esses escritores estão incorporando alguma coisa que viram, que experimentaram e, essencialmente, estão dizendo: "Deus é como *isso.*"

É uma tentativa de colocar a realidade divina (que está além da linguagem) numa moldura ou formato que possamos captar.

Uma imagem de Deus não contém Deus,
do mesmo modo que uma palavra sobre Deus, ou uma doutrina ou um dogma a respeito de Deus, não *são* Deus;
apenas *apontam para* Deus.

Tudo o que dizemos sobre Deus se fundamenta numa realidade maior do que somos capazes de verbalizar;
o significado sempre habita dentro de um mistério maior;
o conhecido sempre se localiza no desconhecido;
tudo o que nos foi revelado está envolto pelo que não foi revelado.

Nós conhecemos as coisas;
elas são reveladas a nós,
elas nos cercam e não nos deixam partir.
Elas nos assombram,
se enraízam em nosso coração e
não nos deixam mais.

Portanto, quando falamos de Deus,
estamos falando de encontros com o espírito,
daquela reverência sussurrando dentro de nós,
da sensação de proximidade
e de distância,
daquilo que conhecemos
e daquilo que desconhecemos,
do que podemos falar
e do que está além das palavras,
do que é claro como cristal
e do que é mais misterioso do que nunca.

Às vezes a linguagem ajuda,
mas às vezes a linguagem falha.

Agora vamos analisar a maneira *como* falamos de Deus.

Primeiro, precisamos ter consciência de que, quando falamos de Deus, em geral quase sempre nos vemos num paradoxo após outro.

Próximo e distante,
conhecido e desconhecido,
palavras e silêncio,
respostas e perguntas,
mistério e crença.

Eu assinalo isso porque a noção predominante no mundo continua a categorizar tudo como "ou isso ou aquilo" – todos querem saber de que lado você está, quais são as respostas, como o problema vai ser resolvido, como os paradoxos serão eliminados.

Algumas verdades, porém, não são tão simples assim.

Veja a fé, por exemplo. Para muita gente, o oposto da fé é a dúvida. Nesse contexto, portanto, a meta é eliminar a dúvida. Mas fé e dúvida não estão em oposição. Na verdade, a dúvida costuma ser um sinal de que a fé está pulsando, que ela está viva. Além de não serem contrárias, elas são excelentes parceiras de dança.

Fazendo uma observação sobre o mundo de hoje: o fundamentalismo não deveria nos surpreender. Quando aparece um líder que alivia a tensão, atenua o paradoxo, explica de forma detalhada quem são os inimigos e dá respostas claras para todas as perguntas, não deixando espaço para o mistério e o sagrado, é óbvio que esta pessoa recebe imensa aceitação.

Sobretudo se ela for muito autoconfiante.

A certeza é mais palatável, e geralmente provoca muito entusiasmo – afinal, quem não quer ter certeza das coisas?

O que nos leva a uma questão fundamental: *como* você acredita e em *quê* você acredita são coisas diferentes.

Duas pessoas podem acreditar na mesma coisa, mas viver essa crença de maneiras muito distintas.

Você pode crer em alguma coisa com tanta convicção a ponto de morrer por essa crença,

e, no entanto,

você também pode dizer "eu posso estar errado...".

Isso porque convicção e humildade, assim como fé e dúvida, não são opostos: são parceiros de dança. É possível sustentar sua fé de coração aberto, viver com grande convicção e, ainda assim, admitir que seu conhecimento e seu ponto de vista serão sempre limitados.

Você acredita nas mesmas coisas e da mesma maneira que acreditava há cinco anos?

Provavelmente, não.

Você cresceu,
evoluiu,
mudou,
teve novas experiências,
estudou,
ouviu,

observou,
sofreu,
refletiu
e reexaminou.

Assim é a fé.
Nós aprendemos caminhando.

Há alguns anos, lutei muito para encontrar sentido em algumas coisas na minha vida, e sofri bastante. Procurei um psicólogo que conseguiu me ajudar a compreender por que eu me sentia daquela forma, como havia chegado àquele estado e também o que seria um bom futuro para mim. Fazendo uma retrospectiva, vejo que aquele período foi transformador. Meu psicólogo se tornou um irmão para mim. Ele nunca me julgou e nunca tentou me fazer pensar como ele. Ele era sensível e aberto, porém, firme, centrado e inabalável.

Tudo ao mesmo tempo.

Meu psicólogo era um homem de fé
profundamente fiel aos seus princípios,
mas suas convicções não o diminuíam, enrijeciam ou o tornavam uma pessoa frágil e de mente fechada;
elas tinham efeito exatamente oposto.
Suas convicções pareciam torná-lo mais flexível, ágil e comprometido.

Como uma árvore
plantada junto às águas,
com raízes profundas.

A tempestade vem e a árvore não se quebra, pois está enraizada o bastante. Ela apenas se curva.

Acredito que esta seja uma das perguntas mais urgentes que as pessoas precisam se fazer a respeito da natureza da fé: a convicção e a humildade podem coexistir?

Sim, elas podem. Tenho visto isso de perto e sei que é possível. Mas, para isso, precisamos prestar atenção tanto em *como* falamos quanto no *quê* falamos – e isso exige que deixemos o paradoxo como está e abracemos nossas convicções com humildade.

Meu amigo Pete escreveu:

"Quando se trata de falar de Deus, aquele do qual não se pode falar, é justamente sobre Ele que precisamos falar e com Ele que nunca devemos parar de falar."

Portanto, isso dito
e não dito,
sigamos para o Deus que está **conosco.**

CAPÍTULO 4

Conosco

FINALMENTE, DEPOIS DE
Abertos
e
Juntos,
chegamos a
Conosco
e
Por nós
e
Adiante de nós.

Eu me lembro de certa vez ter ouvido alguém contar uma história sobre algo incrível que aconteceu em sua vida, e a maneira que ele concluiu foi "...e aí Deus apareceu!". A pessoa estava realmente emocionada, mas não pude deixar de pensar: Espere aí – como é? Se Deus *apareceu*, então antes disso Ele estava em outro lugar? E se Deus estava em outro lugar e foi até aquela pessoa, por que Ele não apareceu para todas as outras pessoas que precisavam de Sua ajuda?

Ao longo dos anos, deparei com essa concepção de Deus inúmeras vezes, uma perspectiva que não é tanto sobre *quem Ele* é, mas sobre *onde Ele está*. Já ouvi canções e orações convidando-o a *se aproximar;* testemunhei relatos descritos como milagre divino – tudo para reforçar a crença em um Deus que está em algum outro lugar e que vem aqui de tempos em tempos para fazer coisas típicas de Deus.

O problema de isso se tornar nosso únic*o* conceito de Deus é que essa ideia levanta uma série de questões sobre quando, onde e por que Deus escolhe agir.

Ou não agir.

Eu não sei por que aconteceu o holocausto na Segunda Guerra, ou por que aquela jovem foi sequestrada, ou por que seu tio teve um tumor no cérebro. Ninguém sabe. E qualquer pessoa que tente explicar por que Deus decide agir numa determinada situação, mas não em outra, não deveria ser levada a sério.

Muitas pessoas receberam esta *visão específica* de Deus em algum momento da vida e ainda estão agarradas a ela: Deus está em algum outro lugar e *pode ou não* vir aqui de tempos em tempos para fazer coisas típicas de Deus.

Percebe aonde isso leva?

Esse conceito de Deus pode levar as pessoas à sensação de que a vida é perfeitamente capaz de prosseguir sem *esse* Deus. *Esse* Deus se torna, em essência, *opcional.*

Esse Deus pode ou não pode existir.

Por isso, dedica-se muito esforço para tentar provar que *esse* Deus existe, embora ele possa, é claro, falhar espetacularmente.

Eu acredito numa nova maneira de enxergar Deus, uma maneira na qual vemos Deus **conosco** – aqui e agora. Isso não é somente uma ideia para mim; é um convite urgente, apaixonado e arrebatador para despertar, para perceber o mundo como ele verdadeiramente é.

Recentemente, comprei um escafandro e, quando o estava retirando da embalagem, um pequeno tubo caiu. Eu estava tão ansioso para experimentar o equipamento que nem me incomodei com aquele tubinho largado no tapete. Coloquei o equipamento no carro e fui para a praia. Chegando lá, me preparei para o mergulho, na expectativa de avistar logo os recifes lá embaixo, com suas cores e detalhes inebriantes.

Mas não consegui.

Eu podia distinguir algumas formas e cores, mas minha máscara não parava de embaçar. Foi então que me lembrei daquele tubinho que eu deixara para trás. Tratava-se de um solvente especial para se passar na máscara e evitar que ela embaçasse.

Em meu trabalho como pastor, muitas vezes senti que minha função era ajudar as pessoas a descobrir onde foi que haviam deixado aquele tubo de solvente; porque enxergar com nitidez é o primeiro passo para praticamente tudo nesta vida.

E eu quero que *você* enxergue com nitidez.

Para explorarmos o que isso significa para cada um de nós, vou usar o exemplo da minha amiga Rosa. Ela é italiana e uma excelente cozinheira. Ela prepara refeições enormes que a gente leva horas para comer, o que sempre induz alguém a mencionar – geralmente durante a primeira rodada de sobremesa – como aquela refeição foi especial, de outro mundo, sublime, divina e gloriosa.

Imagino que você já tenha passado por alguma experiência parecida – como segurar um bebê recém-nascido, escutar ao vivo sua música predileta, contemplar a paisagem do alto de uma montanha, boiar num lago – quando, de repente, se deu conta de que alguma coisa *a mais* estava acontecendo, algo logo abaixo da superfície da vida e que só pudesse ser definido como sublime, glorioso ou transcendente.

Às vezes são momentos extremos, de muita adrenalina, como no dia em que eu estava surfando e ouvi um som que nunca tinha escutado. Algo como um tio fumante e ofegante limpando a garganta, só que mais forte e *mais embaixo*. Um grunhido mais profundo que o pigarro. Quando me virei e vi o jato de água jorrar da superfície, percebi que estava perto – muito perto – de uma baleia.

Então eu fiz o que qualquer pessoa faria em tal situação: cheguei mais perto. (Embora minha esposa, Kristen, afirme que isso seja exatamente o que a maioria das pessoas *não faria*.) Meu coração batia furiosamente. Enquanto deslizava para mais próximo da baleia, fui invadido por um sentimento que eu chamaria de *pequenez aguda*. A cor preto-azulada de sua pele, a enorme massa de água que ela deslocava quando emergia e o tamanho da minha prancha em comparação ao tamanho dela – tudo me fez pensar:

"Rob, você é um ser muito, mas muito pequeno, num mundo muito, mas muito grande."

Outras vezes, essa consciência não aparece com a adrenalina ou o encantamento, mas nos momentos em que somos inundados por sentimentos do extremo oposto. Certa vez fui almoçar com um amigo num restaurante mexicano que adoro. Após 20 minutos de refeição, ele começou a me contar sobre o fim de seu casamento – sobre como eles chegaram até aquele ponto, sobre o desconforto de fazer compras no supermercado só para si mesmo e depois voltar para casa completamente sozinho.

Em algum ponto da conversa, a força de seu drama pessoal me atingiu – divórcio, o efeito nas crianças, a imagem de ambos retirando a aliança do dedo. Foi como se de repente a ficha tivesse caído e se alojado bem no meu coração. Fui tomado por uma tristeza tão genuína que a comida perdeu totalmente o sabor para mim naquele dia.

Às vezes, esses insights nos pegam de surpresa; outras vezes percebemos que estamos nos distanciando do agora e algo sussurra em nosso ouvido: "Isso é importante, diminua o ritmo, preste atenção." Então nossa alma tenta tirar uma foto dessa emoção porque descobre que, *independentemente do que estiver acontecendo nesse momento, vale a pena registrá-lo.*

Quando tentamos descrever essas situações e usamos palavras como *transcendental* e as classificamos como algo *além desse mundo*, ou então quando nos referimos a algum acontecimento como tendo *profundidade* ou como sendo *sublime*, estamos falando da nossa sensação de que

as coisas são o que são,
mas também são,
ao mesmo tempo,
alguma coisa mais.

Era para ser só uma refeição, mas foi mais do que uma refeição,
da mesma forma que era só uma conversa,
e, no entanto, foi bem mais do que apenas uma conversa.

Você está lá, completamente presente, aceitando cada dimensão perceptível da experiência, e ainda assim sua experiência visceral e física o transporta para uma dimensão mais alta, mais sutil, além mesmo da própria experiência.

É como se o sabor atual, em tempo real, daquela refeição na mesa de Rosa apontasse para o *passado*, e sua vitalidade e alegria fossem apenas um eco de vitalidade e alegria maiores.

Em novembro de 2011, eu estava no Museu de Arte de Phoenix e avistei uma enorme parede cor-de-rosa e amarela que parecia mudar de cor. Enquanto caminhava em direção a ela, reparei que se tratava, na verdade, de uma instalação, com cerca de quatro metros e meio de altura por nove metros de largura, feita inteiramente de folhas de papel – milhares delas, talvez milhões, algumas em amarelo e outras em rosa, todas empilhadas e arrumadas com extremo cuidado e precisão para produzir aquele efeito. Era hipnotizante. Tão simples e ao mesmo tempo tão genial. Quem compôs aquilo? Quem resolveu empilhar aquele monte de folhas naquela ordem? Quem teve a paciência de fazer aquilo? Como o artista sabia que produziria tamanha reação emocional nas pessoas?

Aquela obra era apenas uma parede com folhas de papel empilhadas,
e ainda assim era mais do que apenas uma parede com folhas de papel empilhadas,
da mesma maneira que uma canção pode ser apenas uma canção,

mas, ainda assim, ser mais do que apenas um conjunto de notas, acordes e melodias.

Imagino que você seja como eu quando me vejo tendo experiências que transcendem a elas mesmas.

Momentos assim têm um paradoxo inerente a eles, sendo ao mesmo tempo
próximos e distantes,
bem aqui e, no entanto, em outro lugar,
tudo ao mesmo tempo.

Algumas vezes podemos tocar essas experiências,
enxergá-las em sua proximidade e clareza,
e no entanto elas têm uma maneira única de nos conduzirem
para além delas, como se fossem uma janela para outro compartimento.

Os antigos hebreus tinham uma forma especial de se referir a essas experiências (aqueles momentos em que nos tornamos conscientes de que há mais coisas acontecendo, momentos em que um objeto, gesto, palavra ou situação aponta para algo além de si mesmo).

Eles acreditavam que "tudo" existe por causa de uma energia explosiva, expansiva, surpreendente e criativa que perpassa todas as coisas, unindo todas elas e conferindo vida, profundidade e plenitude ao universo.

Eles chamavam essa eletricidade cósmica,
esse poder manifesto,

essa energia divina,
de **ruach** de Deus.

Os hebreus acreditavam que o *ruach* era uma emanação de Deus, pois como está escrito nos Salmos, "Do Senhor é a terra e tudo o que nela existe". Tudo está fecundado pelo *ruach,* abarrotado da incessante energia criativa, cheio desta força de vida insaciável, da vitalidade divina interminável, perpassado e eletrificado pelo Deus que renova ininterruptamente a face da Terra.

Quando os hebreus falavam sobre o mundo, eles não falavam de um mundo que segue seu curso independentemente de um Deus que pode ou não existir. O que eles falavam era de toda essa vitalidade e criatividade, as estrelas, as rochas, as conversas, as comidas, as lágrimas e as baleias, tendo em comum a mesma fonte de sustentação – que eles chamavam de Deus – que energiza e sustenta todas as coisas.

E *todas as coisas* nos inclui.

Os hebreus entendem o *ruach* como algo tão amplo quanto o universo, e poderoso o bastante para abastecer, animar e sustentar até mesmo os astros – como está escrito nos Salmos –, mas eles também veem o *ruach* como uma energia tão íntima e pessoal quanto sua respiração e o fôlego que estamos prestes a tomar.

Na verdade, eles costumam se referir ao *ruach* como sopro, como está escrito em Jó, 27:3:

"Enquanto eu tiver vida em mim,
o sopro de Deus em minhas narinas"

O mestre de sabedoria no livro de Eclesiastes repercute essa visão ao escrever que cada um de nós é recipiente dessa energia vital e divina, que é dada por Deus para nos nutrir, enriquecer, inspirar e dar vida.

Os textos hebreus ressaltavam que antes que pudéssemos fazer, falar, criar ou conquistar qualquer coisa, recebíamos um presente tão próximo quanto a respiração e tão real quanto a própria vida.

Mas eles não entendiam *ruach* exclusivamente como sopro de Deus. Em muitos casos, eles usavam a palavra para se referir ao que hoje chamamos de *espírito*, embora essa expressão possua significados para nós que não tinha entre os hebreus. No mundo moderno, muita gente entende espírito como algo menos real, menos tangível, menos substantivo – algo não físico, muitas vezes relegado ao domínio da religião. Algo que pode ou não existir.

No entanto, *ruach* não divide o mundo dessa maneira.

No livro de Jó, com o *ruach* de Deus os céus ficaram límpidos, e nos Salmos é o *ruach* que traz as coisas à existência e renova a face da Terra.

Quando falavam do *ruach* de Deus, os hebreus não se referiam a alguma coisa menos real; e sim àquilo que acontecia quando algo se tornava **mais real** bem diante de seus olhos.

Para eles, o *ruach* é a força que traz tudo à vida, é a presença de Deus no mundo, que está sempre presente em tudo e em todos.

Como está escrito no salmo 139:

"Para onde poderia eu escapar do teu Espírito?
Para onde poderia fugir da tua presença?
Se eu subir aos céus, lá estás;
se eu fizer a minha cama na sepultura,
também lá estás."

(É importante observar que os hebreus eram cuidadosos para não dizer que Deus é a flor, o pôr do sol, a comida, o nó na garganta – eles não afirmavam que Deus é a criação porque compreendiam que, ao dar vida a todas as coisas, Deus também dá à criação a liberdade para ser o que ela tiver de ser, com todas as oportunidades e potencialidades para o bem e para o mal, para a beleza e para o caos, para o amor e para a perda.)

Tudo isso me leva de volta à ideia inicial de que Deus está conosco.

Eu creio que Deus é conosco,
está em volta de nós,
ao nosso lado,
presente conosco em todos os momentos.

A questão, portanto,
é que devemos nos tornar cada vez mais *conscientes* da presença divina, harmonizados com o *ruach*, atentos ao momento presente, enxergando Deus em todas as pessoas, lugares e situações, todos os dias.

Vamos fazer algumas reflexões sobre esse despertar.

Primeiro, **o que nossa experiência com Deus faz no nível mais primitivo de consciência é nos sacudir para a realidade de**

que *qualquer coisa* importa. Qualquer pessoa, lugar, acontecimento, gesto, atitude, ação, obra de arte, pedaço de terra, coração, palavra ou momento tem importância.

Quando minha esposa, Kristen, tinha 15 anos, ela saiu pela primeira vez com um rapaz. Ele a buscou em casa e eles foram ao cinema. Na volta para casa, numa parte meio deserta da estrada, um motorista alcoolizado vinha na contramão e os atingiu de frente. Os dois carros ficaram destruídos e Kristen e o rapaz tiveram que ser levados de ambulância para o hospital. Assim que foram avisados, os pais de Kristen correram para o hospital, passando pela mesma estrada em que a filha havia sofrido o acidente. De repente, o casal reconheceu, no acostamento, o carro em que Kristen havia saído de casa – agora completamente destruído.

Minha sogra Judie contou-me que foi a primeira vez que ela viu seu marido chorar.

O pai de Kristen sempre amou a filha e soube que ela tinha enorme importância em sua vida. Imagino que, se alguém lhe perguntasse se ela poderia ter ainda *mais* importância na vida dele, ele responderia: "Não, certamente não." Porém, é fácil presumir que, naquele momento na estrada, quando ele viu o carro destroçado, Kristen ganhou *mais* importância do que antes.

É como se houvesse uma escala de importância de 1 a 10 e você sempre tivesse classificado alguém com a pontuação máxima. Mas então você quase perde essa pessoa e, de repente, seu coração é invadido por uma medida de importância que vai a 17, chega a 39 e extrapola para 4.291. Novas possibilidades, antes desconhecidas, estão agora abertas dentro de você.

Às vezes percebemos que alguma coisa que parecia não ter importância, na verdade, importa.

Outras vezes, alguma coisa que já tem muita importância, de repente, encontra um jeito de se tornar *ainda mais* importante, como se o afeto dentro de nós se expandisse.

Os antigos hebreus tinham uma palavra para essa consciência da importância das coisas: *kavod.* Originalmente, *kavod* é um termo do mundo mercantil, que se refere ao peso de algo; esta era uma medida crucial nas relações comerciais para manter a honestidade nas transações. Com o tempo, o termo começou a assumir um significado mais figurado, referindo-se à relevância e ao significado de alguma coisa.

Kavod é o que acontece quando você diz "tudo bem?" para uma pessoa que vê diariamente, mas, em vez de ela responder com o automático "tudo", ela diz: "Não, não estou nada bem." Então você pergunta por que ela não está bem e a pessoa resolve lhe contar. E de repente tudo muda: você se vê no meio da dor alheia, sente o que a pessoa sente, sofre como ela sofre, e a conversa entre vocês não é mais breve e superficial como sempre foi, agora ela *pesa*, ela tem significado, tem importância.

A pessoa tem importância;
você tem importância;
o fato de a pessoa ter decidido ser sincera com você tem importância;
a empatia que está acontecendo entre vocês tem importância.

Isso é *kavod.*

Kavod é o que acontece quando tentamos dissuadir uma pessoa da ideia do suicídio e afirmamos que a vida dela vale a pena. Procuramos as melhores maneiras de explicar isso, argumentamos, suplicamos, damos o melhor de nós para convencê-la a não consumar aquele ato – o tempo todo recorrendo à nossa convicção de que a vida tem importância.

É o que acontece quando encontramos alguém que acabou de raspar a cabeça e fazemos uma piada sobre isso; então a pessoa nos diz que raspou a cabeça em solidariedade a uma amiga que está fazendo quimioterapia – e, de repente, enxergamos aquela careca de modo inteiramente diferente.

Isso é *kavod.*

Nós vivemos num mundo que nos bombardeia diariamente com propagandas e distrações infindáveis, com programas de televisão onde pessoas fazem coisas insensatas, com elevadores que tocam versões pasteurizadas de músicas das quais costumávamos gostar antes de tê-las ouvido milhões de vezes. Esse caos físico e visual pode nos entorpecer, nos anestesiar, fazendo com que o dia de hoje pareça não ter *peso*, não ter importância, porque é apenas como todos os demais, igualzinho a ontem, uma mera continuidade.

Kavod, no entanto, é algo mais.

Kavod é algo sério – mas não de uma forma autoritária e artificial, e sim de uma maneira sagrada e santa. Essa palavra é muitas vezes usada nas escrituras hebraicas para se referir à glória de Deus – aquela que acontece quando a monotonia é quebrada, quando o desespero é subjugado pela sensação de que alguma coisa está acontecendo logo abaixo da superfície das coisas, algo que é maior, mais amplo, mais profundo e mais poderoso do que tudo o que somos capazes de imaginar. Algo que nos lembra de nossa pequenez, fragilidade e transitoriedade. É aquele nível agudo da consciência que lhe diz: "Preste atenção, porque isso é importante."

> Deus engloba todos esses momentos especiais e singulares –
> quer eles sejam esmagadoramente grandes
> ou infinitamente pequenos –
> esses momentos que nos arrebatam,
> mesmo que tenhamos sido magoados
> e traídos inúmeras vezes,
> esses momentos em que percebemos que a vida não é
> aleatória, sem sentido ou vazia,
> mas que aquilo que fazemos, sentimos e falamos
> *tem importância.*

Essa descoberta nos conduz a uma **segunda resposta específica** que o *ruach* de Deus estimula em nós.

Certa vez, eu estava em uma pequena cidade da Virginia quando percebi, perto da praça principal, diversas tendas com pessoas acampadas em protesto contra a crescente desigualdade econômica dos Estados Unidos. Pouco depois, encontrei uma amiga que acabara de voltar de uma reunião numa cooperativa de alimentos onde os participantes pagavam uma taxa mensal e recebiam em casa uma grande variedade de frutas, vegetais e grãos das fazendas locais. Mais tarde, conheci um jovem casal que carregava seu bebê recém-nascido. Fiz o que todos fazem – aqueles comentários obrigatórios sobre como o neném é lindo –, peguei sua mãozinha e exclamei "Mas é tão pequena!", como se estivesse surpreso.

Por que eu sempre faço isso? Por acaso eu estava esperando que a mão do bebê fosse grande? Aposto que você faz a mesma coisa. Mas por quê?

Nós fazemos isso porque não se trata apenas de um bebê.

Nós pegamos a mãozinha do bebê e nos maravilhamos porque ela nos remete ao extraordinário mistério que está em nossa própria vida.

Uma nova vida é profundamente emocionante e misteriosa
porque
toda vida é profundamente emocionante e misteriosa.

Seguramos a mão de um recém-nascido pela mesma razão que os manifestantes protestam e que pessoas se filiam a cooperativas – porque **nós temos uma consciência intuitiva de que tudo está conectado a tudo, e creio que isso seja mais uma pista para descobrir quem é esse Deus de quem tanto falamos.**

A maneira como nos alimentamos está ligada à forma como cuidamos do planeta, que, por sua vez, está ligada a como usamos os seus recursos,

o que está ligado a quantas pessoas vão dormir com fome todas as noites,
o que está ligado à maneira como a comida é distribuída,
o que está ligado à grande disparidade entre aqueles que têm e aqueles que não têm,
o que está ligado a como o sistema judiciário privilegia as pessoas que usam seu poder para faturar milhões em detrimento das pessoas que lutam para conseguir comprar uma cesta básica,

o que está ligado à forma como tratamos aqueles que não possuem o que nós possuímos,
o que está ligado à santidade, ao sagrado e ao mistério da nossa vida, da vida delas e da pequenez da vida humana em geral, que é a razão de segurarmos a mãozinha de um bebê e dizer para seus pais "É tão pequena!".

Há uma antiga oração judaica que começa assim,

"Ouça, ó Israel:
O SENHOR nosso Deus,
é o único SENHOR."

Único, aqui, é a tradução da palavra hebraica *echad*, que se refere a uma unidade composta de muitas partes. A unicidade a que se refere a oração do Shemá é importante porque faz uma clara distinção entre Deus e tudo o que existe – preservando a beleza e a transcendência de Deus, enquanto, ao mesmo tempo, afirma que toda diversidade que conhecemos como vida procede de uma mesma fonte.

É por isso que assistimos a filmes, participamos de grupos de recuperação, lemos biografias, sentamos em volta de fogueiras para contar histórias. Está escrito nos salmos que "um abismo chama outro abismo". É o que acontece quando temos um vislumbre do que uma pessoa vivenciou e nos sentimos misteriosamente ligados a ela porque somos lembrados de nossa humanidade em comum, de nossa origem singular.

Vivemos numa sociedade des-integrada, na qual notícias, opiniões, imagens e sons nos esmagam com seus ruídos frenéticos e obscuros – nenhum deles ligado por alguma unidade mais elevada, coerência ou qualquer ponto de referência transcendental.

Essa fragmentação pode nos moldar facilmente,
convencendo-nos de que as coisas não são um.

Mas quando nos referimos a Deus, podemos dizer que tudo tem uma fonte comum e que está infinitamente, interminavelmente e profundamente conectado.

Todos nós estamos envolvidos.

Tudo isso tem importância,
e está tudo interligado.

Essa reflexão me remete a uma **terceira consideração** sobre o *ruach*, que me transporta desta vez à cidade de Long Beach, no sul da Califórnia. Eu estava numa conferência que acontece anualmente e reúne algumas das pessoas mais brilhantes, criativas e inovadoras do mundo, onde elas dão palestras sobre tecnologia, meio ambiente, design, ciências e vários outros temas. Há um acordo tácito, eu presumo, de que Deus e religião não devam ser mencionados. Afinal, aquele é um encontro de pessoas inteligentes e Jesus não tem nada a ver com o que elas fazem. (Eis um bom exemplo do que significa "sarcasmo".)

Naquele dia, um advogado chamado Bryan Stevenson dava uma palestra sobre injustiça e racismo. Ele falou de seu trabalho em presídios, da falha no sistema carcerário e de seu desejo de ver todas as pessoas sendo tratadas com dignidade. Stevenson contou histórias sobre rapazes que defendeu nos tribunais e concluiu com a citação de Martin Luther King de que o arco do universo moral é longo, mas se inclina em direção à justiça.

No momento em que Stevenson terminou seu discurso, a plateia irrompeu em aplausos. Depois todos se levantaram para fazer doações à organização que ele representava, que arrecadou mais de um milhão de dólares.

Dois dias antes, quando perguntaram do palco quantos dos presentes se consideravam religiosos, a impressão foi de que apenas 2 ou 3% levantaram as mãos.

E, no entanto, quando Stevenson falou sobre o *arco do universo moral* e sua tendência à justiça, a plateia intuitiva, unânime e instantaneamente confirmou a verdade desse conceito.

A história está se dirigindo para algum lugar?

Porque quando Bryan Stevenson fala sobre o arco do universo moral, ele está falando da história – da história que está se dirigindo para algum lugar bom.

Da história que tem um propósito a cumprir.

Acredito que o fato de aquelas pessoas inteligentes, preparadas, bem-sucedidas, que se autodefiniram não religiosas, se levantarem e ovacionarem Stevenson se justifique porque no fundo de cada um de nós mora a certeza de que há um objetivo para tudo isso. Que a vida tem um propósito. Que mais tarde, quando morrermos, as luzes não se apagarão e o espetáculo não terá terminado.

Os gregos têm uma palavra para esse sentimento de propósito e direção. Eles chamam isso de *telos*. O *telos* de alguma coisa é o seu objetivo, é o lugar para onde essa coisa se dirige e o que ela está fazendo.

É por isso que amamos as histórias: elas estão repletas de *telos*. Elas não são realidades estáticas, mas dinâmicas, carregadas de potencial e possibilidades. Numa história, alguma coisa acontece, e depois outra, e outra, levando-a sempre a algum lugar. É assim que as histórias funcionam.

Quando falamos de Deus, estamos falando daquela sensação que há em você – mesmo que sufocada ou reprimida – de que a esperança é real, de que as coisas se dirigem para algum lugar, e que esse lugar é bom.

Esse é o fascínio que a série *The Office* exerce sobre nós. Reuniões entediantes, copiadoras multifuncionais rangendo ao fundo e pessoas aborrecidas no cubículo ao lado... no sentido mais profundo, esse ambiente esmaga nosso coração, comprimindo-nos cada vez mais com a sugestão de que amanhã vai ser exatamente como hoje. Esse é o terror do mundo moderno, o medo paralisante que nos sufoca todos os dias: de que vai ser só isso – apenas isso – amanhã, no dia seguinte e nos outros também.

E é por isso que um programa de TV sobre um escritório sombrio e entediante, em que o trabalho entorpece a mente e as recompensas são insignificantes – e que, mesmo assim, as pessoas enfurnadas nesse ambiente descobrem humanidade, dão risadas, sentem compaixão e até veem sentido na vida –, tem um efeito realmente poderoso sobre seus espectadores.

Quando a luz irrompe,
quando nosso marasmo é quebrado
e nossa angústia é atropelada pela surpresa,
nós somos confrontados com o *ruach* –
nos chamando,

nos convidando,
nos resgatando,
nos lembrando
de que
tudo isso importa,
tudo está interligado,
e tudo caminha para algum lugar.

Para terminar este capítulo, vamos a algumas reflexões finais.

Comecei este capítulo falando de experiências bem concretas por uma razão: **eu acredito que você já esteja experimentando a presença de Deus ao seu lado de inúmeras maneiras todos os dias.** Foi por isso que eu lhe apresentei ao *ruach* e à ideia de que Deus é a fonte de tudo o que existe no universo, da mesma forma que a eletricidade ilumina a casa e tudo que está nela.

Há uma passagem na Bíblia que conta que Jesus estava sentado à mesa de jantar quando apareceu uma mulher e começou a derramar perfume em sua cabeça. Seus discípulos ficaram indignados porque se tratava de um perfume muito caro. Entretanto, Jesus estava comovido e respondeu: "Ela praticou uma boa ação para comigo." E completou dizendo que o que aquela mulher fez foi prepará-lo para o sepultamento.

Sepultamento? Aqui está a parte reveladora: na época de Jesus, preparar alguém para o sepultamento era um ato *religioso*. Aos olhos de Jesus, o gesto daquela mulher foi um ato santo e sagrado de adoração. Os discípulos não captaram isso, enxergando-o apenas como um gesto comum e cotidiano.

Escapou-lhes o poder e o significado do momento
porque eles não tiveram olhos para ver o que estava acontecendo
bem diante deles.

Há um recado muito importante aqui: é possível alguém ser religioso, invocar o nome de Deus, ser capaz de citar um monte de versículos, estar em dia com suas orações e ainda assim não ser uma pessoa que *vê*.

Cantar para Deus, recitar versículos e invocar o nome de Deus é uma coisa; outra, bem diferente, é estar consciente da presença Dele em cada sabor, cada toque, cada som, cada abraço.

Com Jesus, observamos que nunca se trata *apenas* de uma pessoa, ou
apenas de uma refeição, ou
apenas de um acontecimento,
porque **há sempre algo mais acontecendo logo abaixo da superfície.**

Jesus vê o que os outros não enxergam.
Ele está consciente quando os demais estão distraídos.

Eu gosto da maneira como o apóstolo Paulo coloca isso numa carta aos seus amigos: "Que os olhos do coração de vocês sejam iluminados."

O que me leva a uma segunda consideração, desta vez sobre fé.

Muitas vezes, aqueles que creem em Deus são chamados de "pessoas de fé". O que não é de todo verdade, porque ***todo mundo* tem fé.**

Acreditar em Deus requer fé. Viver neste mundo com todo seu mistério e profundidade e ainda assim declarar enfaticamente que *não* existe uma única fonte, que a história *não* está se dirigindo para algum lugar e que nada tem sentido – ah, isso também requer fé.

Numa época em que me encontrava no fundo do poço da dúvida e do desespero, parecia loucura confiar que existia um Deus que amava, que ajudava, que escutava e que curava. Soava estranho demais para mim.

Naquele tempo, acreditar em Deus era como dar um salto no escuro.

Mas a verdade é que eu já tinha dado um salto, porque *todos* nós já saltamos. Não importa quais sejam nossas crenças ou descrenças, todos nós saltamos incessantemente, porque somos pessoas de fé.

Você pode crer que é só isso que existe
ou que nós viemos de outro planeta;
você pode ser cristão, budista, judeu ou Jedi;
você talvez não acredite que seja possível saber *qualquer coisa* com certeza absoluta.
Não importa.
Tudo é uma forma de fé.

Por isso,
ninguém *deixou* de saltar.

Escolher acreditar que a vida tem importância, que estamos todos conectados e que tudo se movimenta para algum lugar tornou minha vida muito melhor.

Ou, colocando de outra forma, *Deus* tornou minha vida melhor.

E não digo isso de uma maneira supérflua, banal, do tipo depois-que-me-converti-é-só-felicidade, e sim de uma forma profunda, consistente e leve.

Hoje eu vivo de forma mais lenta do que antes porque não quero perder nada.

Eu descubro cada vez mais beleza e significado nos momentos comuns do dia a dia, coisas que antigamente teria deixado escapar.

Preciso de menos respostas porque enxergo mais.

Acho as pessoas cada vez mais fascinantes porque me permito ser surpreendido pelo mistério que é um ser humano.

Descobri que os acontecimentos estão menos ligados a fatos concretos do que à minha capacidade de estar aberto para tudo o que acontece

abaixo da superfície.

Porque há sempre alguma coisa a mais,
alguma coisa além,
há profundeza, plenitude e vida,
aqui mesmo,
como um presente
do Deus que está **conosco.**

CAPÍTULO 5

Por nós

AGORA VAMOS FALAR SOBRE O Deus que é **por nós**.

Você crê que Deus é por *você?*

Você crê que o desejo de Deus é que você cresça, prospere e brilhe?

Você crê que Deus quer que você seja tudo o que pode ser enquanto se torna cada vez mais a pessoa que realmente é?

Eu creio.

Embora esta mensagem seja muito simples e direta, para um número imenso de pessoas hoje em dia a ideia de que Deus é por nós está enterrada sob uma grande pilha de *contras*. Em algum lugar, ao longo dos muitos anos de hostilidade religiosa – com boicotes, guerras, julgamentos, sermões a respeito de como "Deus o ama, desde que você faça isso e aquilo..." e "Deus estará do seu lado se...", inquisições, cruzadas, etc. –, a mensagem se perdeu.

Então chegou a hora de resgatar a premissa cristã básica que afirma que Deus é por nós.

De acordo com Jesus, Deus é por nós porque Ele nos ama.

Mais uma vez, essa ideia é bem simples e direta, mas faça o teste: pergunte a qualquer pessoa qual a primeira coisa que lhe vem à cabeça quando ouve a palavra *Cristão* e você verá que poucas delas, infelizmente, farão alusão à mensagem de Jesus segundo a qual Deus é por nós.

Eu entendo que essa pergunta pode fazê-lo parecer um palestrante motivacional ou um daqueles pastores da TV que ficam prometendo GRANDES COISAS caso você creia...

ou tenha fé suficiente...

ou pague o dízimo...

ou obedeça cegamente...

ou ore, ou faça qualquer outra coisa.

Portanto, deixe-me explicar o que quero dizer quando falo que Deus é por nós: não estou me referindo a garantias e a meios eficazes de manter a saúde, ter muitos amigos, comprar seu carro zero e ser bem-sucedido. Quando falo de crescimento, prosperidade e brilho, me refiro a algo muito mais profundo, duradouro, significativo e prazeroso.

E falar sobre isso –

sobre Deus ser **por nós** –

é falar do Deus que Jesus revelou.

Sendo assim, primeiro terei que falar de Jesus.

E, para isso, antes precisarei contar uma coisa que acontece na cidade onde moro.

Toda noite da primeira sexta-feira do mês de dezembro, as lojas e restaurantes se unem para dar uma festa. As ruas do centro são fechadas e Papai Noel chega montado num jumento (como faz Jesus naquela passagem da Bíblia), os comerciantes servem comida e bebida e a cidade é inundada por canções de Natal.

No ano passado, uma loja de surf surpreendeu a todos, trazendo um coral gospel para cantar por entre os cabides de camisetas e bermudas. A loja ficou lotada. E o coral foi incrível. Em certo momento, eles cantaram um hino cristão no qual Jesus é chamado de *Emanuel*, que é uma palavra hebraica antiga que significa *Deus conosco.*

Imagine um presépio colocado no quintal da frente da casa de alguém, ou no gramado de uma igreja, sendo iluminado por dois refletores. Ali estão os animais de sempre, alguns homens sábios (três, por alguma razão), Maria, que acabou de viajar muitos quilômetros em estradas empoeiradas mas que ainda assim veste uma túnica azul e branca impecável, José, que pelo jeito arranjou tempo para aparar a barba durante o parto, e no meio disso tudo, deitado numa manjedoura, está

– nas palavras do poeta Ricky Bobby –

"com quase quatro quilos e recém-nascido...
sem conhecer ainda palavra...
em fralda de lã dourada com seu punho redondinho..."

o bebê Jesus,

cujo nascimento é celebrado todos os anos no Natal, de diversas formas (algumas têm até mesmo alguma coisa a ver com Jesus).

Esse ritual é tão familiar,
tão previsível,
tão inofensivo,
tão *benigno*,
que é fácil não compreender que a palavra *Emanuel* é, na verdade, uma proclamação extremamente radical sobre a própria natureza da verdade.

E lá, naquela loja de surf repleta de gente sorrindo e feliz, o coral entoava suas canções de natal sobre
o divino
e o humano
existindo no mesmo lugar.

No mesmo *corpo.*

Essa história de Natal, portanto, com a qual nós todos estamos tão acostumados, é uma descrição profundamente subversiva, que nos fornece o retrato de um Deus que não está indiferente à nossa dor, desinteressado da nossa situação ou descompromissado com as nossas lutas concretas, mas, ao contrário, está presente entre nós em Jesus para
nos ensinar,
nos ajudar,
sofrer conosco e
nos dar esperança,
porque
esse Deus é **por nós**.

Logo, quando digo que Jesus é divino e humano ao mesmo tempo,
isso significa que Jesus,

de um modo único,
incomparável e
histórico
nos mostra como Deus é.

E, para falar sobre como Deus é,
falemos um pouco de esqui aquático.

Se você algum dia já praticou esqui aquático, deve se lembrar do seu primeiro dia flutuando na água: os dentes batendo, o colete salva-vidas vindo até a mandíbula, os instrutores mandando você manter a corda entre os dois esquis e deixar a lancha puxá-lo.

É o tipo de coisa que as pessoas de dentro da lancha dizem como se fosse a mais óbvia do mundo, mas que, para alguém que nunca praticou esqui aquático na vida, parece um absurdo total.

Inclinar-se para trás – para avançar?
Abaixar – para levantar?

Em consequência dessa confusão, na primeira tentativa muita gente é puxada bruscamente para a frente dos esquis e leva um tombo. Quase todo mundo ignora o conselho dos instrutores e segue seu instinto, tentando se manter na superfície por si mesmas.

O que não funciona, porque ninguém consegue se manter por si mesmo na superfície do mar.

É impossível.

Para aprender esqui aquático, uma pessoa precisa praticar o salto contraintuitivo, parando de tentar fazer o que parece natural – que é manter-se por si mesma na superfície da água – e confiando que a lancha fará o trabalho para ela.

O que pode resultar em algumas tentativas fracassadas e em desagradáveis mergulhos forçados.

O que a natureza contraintuitiva do esqui aquático tem a ver com Jesus? No âmago do que Jesus nos ensina sobre Deus está uma coisa chamada *evangelho*. Evangelho é uma ideia que confronta muitos conceitos dominantes sobre como o mundo funciona. Isso é contraintuitivo.

Em um de seus primeiros ensinamentos, Jesus diz que bem-aventurados serão os "pobres de espírito". Os pobres de espírito são os carentes, os que vivenciam a falta e que estão conscientes de que não atendem às expectativas.

Os zés-ninguém,
os patéticos,
os mancos,
os obsoletos,
os que deixam a desejar.

A expressão *bem-aventurado* que Jesus diz é rica, sugestiva, carregada de conteúdo, e quer dizer essencialmente que "Deus está do seu lado".

Eu menciono o evangelho (a proclamação feita por Jesus das bênçãos de Deus para todos que necessitam delas) porque, como pastor, interagi com milhares de pessoas que estavam convictas de que, se elas pudessem se tornar *melhores* –

mais morais,
mais disciplinadas,
mais espiritualizadas,
mais gentis,
mais corajosas,
mais santas, justas ou qualquer outra palavra religiosa –
então elas estariam
dentro,
aceitas,
acolhidas,
legitimadas
e
reconhecidas
por Deus.

Geralmente me perguntam: "Mas o que realmente importa para Deus não é que você seja uma boa pessoa?"

Essa questão geralmente surge da crença de que Deus opera mediante um sistema de mérito, em que, se a pessoa cumprir o preceito religioso correto, pudico e bem-aceito, obterá os pontos necessários para ficar perto Dele.

Mas isso não tem nada a ver com evangelho.

Evangelho é a notícia impactante, desafiadora, revolucionária, subversiva e contraintuitiva de que, nos seus momentos de maior
desespero,
fracasso,
pecado,
fraqueza,
perda,

deficiência,
frustração,
incapacidade,
impotência,
desorientação,
e falta,
Deus o encontrará *lá*,
naquele lugar de dor,
e anunciará:
Eu estou do seu lado.

O evangelho ensina que Deus não espera que cheguemos a Ele bem arrumados, polidos, respeitáveis e sem culpa – Deus vem até nós, nos encontra e nos abençoa, enquanto ainda estamos no meio de toda nossa confusão.

Crer no evangelho não é colocarmos a vida em ordem para obter vantagens de Deus; é encontrarmos Deus nos momentos de maior fragilidade e desintegração.

A palavra de Deus é graça, e graça é um presente. Não recebemos presentes por merecimento; simplesmente os recebemos. Nós não o fazemos aparecer; um dia acordamos e o presente já aconteceu.

Você não tem que fazer o bem para ser digno. O evangelho abre seus olhos para sua própria indignidade e seus ouvidos para escutarem Jesus sussurrando que não é assim que a coisa funciona.

Tudo isso significa ser uma pessoa boa e deixar essa bondade fluir naturalmente, não para tentar fazer com que Deus fique do seu lado, mas sabendo que Ele esteve ao seu lado esse tempo todo.

O evangelho nos chama para uma grande mudança de pensamento,
uma guinada decisiva no entendimento,
um salto gigantesco na maneira de ver as coisas –
caso contrário, ficaremos para sempre estacionados naquele velho paradigma,
tentando conquistar o que já é nosso.

Agora você entende por que Jesus começava alguns de seus discursos com "Arrependam-se"? Você sabe o que *se arrepender* significa? Significa mudar seu pensamento, ver as coisas por um novo ângulo, ter a mente renovada.

Tudo isso me lembra a primeira reunião que frequentei nos Alcoólicos Anônimos.

Eu tinha 25 anos, estava começando minha trajetória de pastor e, certa noite, depois de ter feito uma pregação, um homem chamado George se aproximou de mim e disse que eu precisava ir a um encontro do A.A.. Fui pego de surpresa e murmurei alguma coisa sobre não ser alcoólatra. Ele falou que isso não importava e que tudo de que eu precisava saber para ser um pastor eu aprenderia naquela reunião, e que quando chegasse minha vez de me apresentar, eu deveria apenas dizer "Olá, eu sou Rob e passo a vez".

Então decidi ir, e aquilo mudou minha vida.

Quando as pessoas se sentaram em círculo e contaram suas histórias, as engrenagens da minha mente aceleraram tentando descobrir e classificar o que tornava aquele encontro tão diferente de todas as outras reuniões nas quais eu já havia estado.

Naquele dia, as pessoas conversaram sobre o primeiro dos doze passos do programa, que fala sobre admitir sua impotência.

Admitir requer honestidade.
Admitir requer uma avaliação fria de sua condição.
Admitir é o que acontece quando você é colocado contra a parede,
quando não tem mais energia para fingir,
quando cansou de ludibriar,
quando não se importa mais com o que as outras pessoas pensam,
quando chegou ao fundo do poço,
quando está pronto para reconhecer que precisa de ajuda, que está sozinho e numa encrenca séria porque meteu os pés pelas mãos.

Estar sentado naquela roda foi como se eu pudesse ver, pela primeira vez, quanto tempo, energia e esforço nós gastamos tentando nos certificar de que todo mundo sabe quanto somos bons, fortes, inteligentes, ágeis, competentes, capazes e bem-resolvidos.

É difícil constatar quanto essa postura arrogante nos consome até nos vermos numa sala onde essa postura inexiste – uma sala onde as pessoas não estão fazendo nada disso porque estão empenhadas em *admitir* sua impotência.

Nossa necessidade de controlar a maneira como os outros nos veem é como um deus a quem nos curvamos por tanto tempo que nem sequer percebemos. Mas, na reunião do A.A., ninguém tem energia disponível para fazer tipo. Você fica cara a cara consigo mesmo, com quem você realmente é.

E então acontece a virada,
e você se defronta com a verdade do que significa *admitir*
e retorna à ideia contraintuitiva do evangelho:
quando você chega ao fundo do poço, está exatamente no lugar onde é possível descobrir que Deus é por você.

Outro dia jantei com uma amiga que tem muita clareza sobre quanto *não* é religiosa. Então ela me falou de um problema de saúde grave que sua filha teve recentemente e que a deixou muito abalada. Ela disse que tudo o que podia fazer como mãe era orar, embora não costumasse fazê-lo.

Por que as pessoas que não costumam orar oram quando estão com medo?

Estou compartilhando essa história porque, quando falo do Deus que é por nós, primeiro tenho que falar da nossa consciência intuitiva de que precisamos de ajuda.

Essa ideia contradiz as vozes dominantes que atuam sobre nós há muitos anos, garantindo que nós mesmos somos a resposta para nossos problemas, que não existe ninguém lá fora que faça algo por nós e que, se não agirmos por conta própria, ninguém irá nos ajudar. Ainda que isso soe racional e libertador em relação à superstição religiosa primitiva, a verdade é que o que experimentamos no dia a dia são lutas intermináveis para as quais precisamos de ajuda externa se quisermos sobreviver, pois nós mesmos sabemos que somos impotentes.

Da mentira à explosão de raiva, aos vícios, à incapacidade de perdoar, à impotência diante da tragédia, à ansiedade, à sensação incômoda de que não somos bons o suficiente – por mais que nos esforcemos e conquistemos coisas, compreendemos que, sem Deus, não temos tudo de que precisamos, e que, sozinhos, não somos tudo o que poderíamos ser.

É nesse momento – quando identificamos, assumimos e encaramos nossa impotência – que descobrimos o Deus que tem sido **por nós** o tempo todo.

E isso nos remete às surpreendentes ações de Jesus,
que toca no leproso em quem ninguém mais tocaria,
que escuta o grito do cego a quem foi dito que se calasse,
que come com os cobradores de impostos a quem todo mundo odeia,
que conversa com a samaritana sedenta e excluída com quem não poderia conversar –
sempre indo para os guetos das cidades, para as margens, para aqueles em dificuldade, os rejeitados, aqueles que ninguém queria ver nem tocar, os ignorados, os fracos, os cegos, os aleijados, os perdidos e fracassados.

Jesus vai na direção deles,
se oferece para eles
e os encontra em seu lugar de dor, de fragilidade,
de abandono e de carência.

Ele é uma prova viva de que Deus deseja que *todos*, *sem exceção*, sejam resgatados, renovados e reconciliados consigo mesmos, com o próximo, com o mundo ao redor e com Deus.

É claro que houve consequências para
esse ensinamento,
esse toque,
essa conversa,
essa refeição,
essa cura e
essa ajuda ao próximo.

Com sua enfática mensagem de que Deus é para todos, Jesus desafiou a premissa religiosa de seu tempo, segundo a qual Deus era apenas para alguns.

Em sua solidariedade para com os pobres, ele confrontou o sistema que criava esse tipo de condição social. Em sua afirmação de que Deus não cabia num templo, ele provocou aqueles que lucravam com o templo.

Tudo isso o levou à prisão, ao julgamento e à execução na cruz. Ninguém pode trazer uma mensagem revolucionária sobre o florescimento da humanidade e esperar que os antigos sistemas opressores recebam isso passivamente. Ou, como o próprio Jesus disse, "Não se põe vinho novo em vasilha de couro velha".

Alguma vez você já passou por isso? Tentar implementar um trabalho ou projeto novo – talvez na sua empresa, na escola do seu filho, na igreja que frequenta – e esbarrar num muro de resistência? Você detecta uma necessidade, dá o melhor de si para atendê-la, mas é constantemente desestimulado por pessoas que desejam deixar as coisas exatamente como estão?

Aonde eu quero chegar com essa história de que os outros resistem diante das mudanças de paradigmas: quando Jesus diz pela primeira vez para seus discípulos que irá ser assassinado, eles não entendem. Desconversam, resistem ao assunto, pois presumem que Jesus veio para vencer e não para perder. Para prevalecer e não para se render. Para conquistar e não para ser pendurado numa cruz.

Eles negam porque alimentaram a crença de que Jesus, de certa forma, é *Deus no meio deles*. E que tipo de Deus *fracassa?*

Está tudo de cabeça para baixo,
não como deveria estar.

E esse é o ponto.

Na cruz, passando pelo maior sofrimento que uma pessoa pode suportar, Jesus perguntou: "Meu Deus! Meu Deus! Por que me abandonaste?"

É uma pergunta, mas é também uma janela para uma maneira totalmente nova de enxergar Deus.

O que aprendemos com Jesus, o que vemos na sua dor, abandono e agonia, é que Deus também está lá.

Deus está no melhor,
e também no pior.
Deus está na presença,
e também na ausência.
Deus está no poder,
e também na impotência.

Deus está na cruz também.

Ele está lá nas lágrimas, nos questionamentos, no desespero, no sangue, no lamento – Deus está lá, sentado conosco sobre nossas cinzas quando brandimos os punhos cerrados para o céu declarando que Ele não existe.

Essa é uma subversão inesperada da cruz, transformando muitas das ideias que temos sobre Deus, insistindo que Deus é tão *por nós* que está disposto a assumir o pior que o mundo pode nos trazer e sofrer por nós até nosso último suspiro.

Nós somos livres –
livres para fazer escolhas, exercer nossa vontade e infligir toda espécie de dor e abuso a nós mesmos, ao outro e ao meio ambiente.

Que é o que temos feito.

Através de Jesus, vemos o Deus que compra a briga pela nossa liberdade, que carrega nossas dores, nosso sofrimento, nossos pecados, nosso desespero e nossa descrença a respeito do próprio Deus,
e então
ele morre e ressuscita três dias depois.

Para os primeiros cristãos,
essa foi a parte convincente,
o inesperado retorno de Jesus,
o fim que, na verdade, é um começo.

Eles viram na ressurreição de Jesus uma nova era da consciência humana, um novo modo de ver o mundo, *no qual a morte não tem a última palavra.*

É por isso que torcemos pelos desfavorecidos, pelos desajustados, pelas ovelhas negras.

Essa é a razão de pela qual gostamos tanto de ouvir relatos de pessoas que foram rejeitadas, esquecidas e abandonadas, e que um dia se levantaram, realizaram algo grande e deram a volta por cima.

As histórias desse tipo falam à nossa necessidade de ser lembrados de que nada está concluído, que a última palavra ainda não foi dita, que um salvador morrendo numa cruz não é o fim, mas apenas o começo.

Jesus nos convida a acolher a fraqueza, dúvida, raiva, desamparo e qualquer outro sofrimento que estejamos carregando, oferecendo-os a Deus e confiando que, assim como a morte de Jesus traz uma nova vida, nossas dores e frustrações também serão transformadas numa coisa nova.

A paz que nos é oferecida não é imune a
tragédias,
doenças,
falência,
divórcio,
depressão ou
mágoas.

É uma paz firmada na certeza de que a vida que Jesus nos dá é mais profunda, mais ampla, mais forte e mais duradoura do que qualquer circunstância poderia oferecer, porque tudo o que vemos e tocamos *não* é tudo o que existe, e a última palavra a nosso respeito ainda *não* foi dita.

Há um grande mistério nessas verdades:

Nos tornamos fortes quando ficamos fracos
e, quando chegamos ao fim da linha,
descobrimos que Deus estava ali o tempo todo,
o Deus que é **por nós**.

Mais algumas palavras para concluir este capítulo sobre o Deus que é **por nós**.

Eu fico sempre chocado (embora não devesse mais, a essa altura da vida) com o fato de tantas pessoas enxergarem a fé cristã como uma coisa
ultrapassada,
contra o crescimento humano.

De que maneira a mensagem de Jesus – que veio até nós para curar, libertar, abençoar e para nos ensinar a perdoar, a não julgar, a ser mais generosos e compassivos – conseguiu se transformar em algo tão diferente da mensagem original sobre o desejo de Deus de florescermos neste mundo que Ele criou?

É uma loucura que o evangelho seja tão deturpado e deformado nos dias de hoje.

Vamos começar então com a verdade óbvia de que Deus é *a favor* do nosso crescimento, prosperidade e bem-estar – e prova disso é Jesus ter vindo para nos dar o que precisamos, para nos perdoar, resgatar e capacitar a fim de que experimentemos uma vida nova como Deus sempre desejou.

O que remete a um detalhe da palavra *experiência*.

Quando Jesus falava de fé, ele falava de resultados, mudança, transformação. Falava de experimentar uma vida plena em Deus e nunca mais ser o mesmo – e isso é transformação. Falava de ouvir a palavra de Deus e mudar a maneira como se vê. Falava de receber a consciência do amor de Deus e de compartilhá-la com os outros.

Iniciei esse capítulo mencionando o Natal porque Deus tem a ver com uma **fé encarnada** – uma fé na qual o divino assume carne e sangue, se deita numa manjedoura, toca o leproso, devolve a visão do cego e oferece pão e vinho às pessoas. Jesus mostra que a verdade e o mistério estão localizados no corpo, na matéria, nos lábios, nos braços, na música, na grama, na água, nos olhos e nos relacionamentos.

Esse é o movimento,
o arco,
a história.
Era disso que Jesus falava.

Há o conhecimento *sobre* alguma coisa, e há o conhecimento que vem das *experiências* que obtemos a partir dessa coisa.

Uma coisa é estar num laboratório com uma prancheta na mão coletando dados sobre os lábios.

Outra coisa é ser beijado.

Colocar doutrinas e dogmas abstratos acima da vida, da respiração e das experiências com o amor e a graça de Deus é andar na direção errada. É retroceder do corpo para as palavras. Os primeiros cristãos anunciavam a plenitude de Deus em Jesus, pois o movimento da encarnação divina vai numa direção tal que sai do pensamento para se tornar pele e ossos,

sai da abstração para ser concreto,

vai da palavra para se tornar corpo.

Imagine que depois de você ter lido a crítica sobre um disco, alguém lhe faça perguntas sobre os arranjos das músicas, as letras, etc. É possível que você consiga responder a todas as perguntas sobre o disco

sem ter escutado nenhuma das canções.

Jesus veio para nos ajudar a escutar as músicas.

E isso nos remete a mais uma verdade sobre Deus.

Em um de seus primeiros sermões ao ar livre, Jesus ensinou aos discípulos que deveriam amar seus inimigos e orar por aqueles que os perseguem, porque

"Deus faz com que o sol nasça sobre o mau e o bom,
e envia chuva sobre o justo e o injusto".

Jesus falou isso num contexto agrícola, no qual as pessoas estavam conscientes da necessidade do sol e da chuva para o crescimento das plantações e para sua subsistência. E todos ali tinham a própria lista de quem era bom e quem era mau, de quem era justo e de quem era injusto.

(Tal como hoje.)

Jesus nos dá um ensinamento surpreendente ao afirmar que Deus não tem favoritismo, que Ele abençoa, sustenta e acalenta *todas* as pessoas, até mesmo aquelas que estão em oposição a Ele.

Esta compreensão é importante porque está no âmago da mensagem de Jesus: ele está nos chamado para nos tornarmos solidários com todos, especialmente com as pessoas que não são cristãs. É por isso que Jesus falava tanto sobre amar os inimigos. Amar a Deus é amar aqueles a quem Deus ama; e Deus abençoa, ama, supre e é generoso com todo mundo.

Isso é incrivelmente óbvio e direto.
E, ainda assim, profundamente radical.
E desesperadamente necessário.

De uma forma ou de outra, somos todos viciados.
Alguns são viciados em receber elogios,
alguns em trabalhar,
alguns em vencer,
outros em se preocupar,
outros em perfeição,
ou em ter razão, em ser forte, bonito, magro...
Talvez você esteja escravizado pela autossuficiência,
pelas drogas,
pelo álcool,
pelo sexo,
pelo dinheiro ou
pela comida.

Imagino que você seja um pouco como eu
e tenha problemas,

hábitos,
tendências,
pecados,
e arrependimentos
que o atormentam.

Seja o que for,
todos nós precisamos de cura.

Eu digo isso porque Jesus veio para nos curar e perdoar, para nos libertar da vergonha, da culpa, do julgamento e de tudo que nos aprisiona. E ele nos liberta ao anunciar quem realmente somos e nos lembra disso o tempo todo.

CAPÍTULO 6

Adiante de nós

DEPOIS DE FALAR DO DEUS que é **conosco** e que é **por nós**, quero falar do Deus que eu creio estar **adiante de nós**, impulsionando-nos para a frente.

É assim que você ouviu falar de Deus?
Estando adiante de nós?
Impulsionando-nos para a frente?

Seria Deus um ser moderno, com uma visão melhor e mais inspirada sobre nosso futuro,
ou estaria ele lá atrás,
no passado,
tentando sempre nos fazer voltar a ser como antes?

Em muitos aspectos, essa é uma das questões centrais do nosso tempo sobre *tudo:* nosso melhor futuro seria um retorno a uma era imaginária, imaculada, onde um dia as coisas foram ideais, ou nosso futuro estaria melhor, de fato, no futuro?

Na primavera de 2008, eu estava em Seattle com o Dalai-Lama, o arcebispo Desmond Tutu e outros líderes espirituais num evento que tinha o objetivo de discutir como podemos ensinar às mais novas gerações a ter compaixão para que o mundo se torne um lugar mais pacífico.

O encontro foi incrivelmente estimulante. Lembro-me de estar naquele salão, olhando para aquelas pessoas extraordinárias vindas de todos os cantos do mundo, representando várias religiões, todos compartilhando o desejo de um futuro melhor. Então alguém se inclinou até mim e disse que havia manifestantes exaltados na frente do prédio.

Manifestantes?

Quem poderia pensar que o que estávamos fazendo ali era uma má ideia?

Que tipo de gente se levanta numa manhã e pensa que a melhor maneira de gastar sua energia, seu talento e seu tempo é fazer cartazes e ir até o centro da cidade para protestar contra um evento pacifista?

Quem é *contra* a paz?

Isso é o mesmo que ser contra filhotes de cachorro ou contra flores.

Resolvi perguntar quem estava criando a confusão e fui informado de que era um grupo de cristãos.

Estou contando sobre esse encontro de pacifistas porque Deus estava lá, nesse evento, como sempre esteve, convocando, convidando, atraindo e conduzindo toda a humanidade em direção ao amor, à alegria, à justiça, à igualdade e à paz. É possível, entretanto, ser muito religioso – como tenho certeza de que aqueles manifestantes eram – e ainda assim estar trabalhando contra algo novo que Deus está fazendo.

Na calçada, em frente ao prédio,
ignorando o que Deus fazia lá dentro.

Às vezes, as religiões estão em harmonia com essa operação divina, esse chamado e esse convite, que ajuda as pessoas a seguirem rumo ao melhor de si mesmas e a um futuro melhor para todos. Outras vezes, porém, as religiões trabalham *contra* a atuação divina, resistindo ao trabalho do *ruach* de Deus neste mundo.

Logo, de onde eu tirei essa ideia de que Deus está **adiante de nós**?

Eu tirei isso da Bíblia.

O que aprendi durante todos esses anos em que estive envolvido com a espiritualidade pode ser surpreendente para a maioria das pessoas. Para muitos, a Bíblia é uma das principais razões do atraso da religião.

Deus está **adiante de nós**?
E é possível encontrar isso na Bíblia?

Sim, e para comentar este assunto, vou apresentar alguns daqueles trechos violentos do Antigo Testamento, que geralmente são usados para provar que Deus é coisa do passado. Portanto, fique bem atento, pois quero lhe mostrar algo mais por trás dessas histórias, algo surpreendente e convincente que eu espero que mude sua maneira de entender Deus.

Vamos começar com uma frase que eu tenho certeza de que você conhece. Ela está no segundo livro da Bíblia, Êxodo, e diz assim:

"Mas se houver danos graves, a pena será vida por vida, olho por olho, dente por dente..."

É claro que você já ouviu essa frase antes – *olho por olho, dente por dente.* Nós geralmente a mencionamos quando alguém está falando de vingança.

Você é insultado e logo revida.
Somos bombardeados e logo bombardeamos de volta.

Uma pessoa espalha uma fofoca a nosso respeito e nós perguntamos: "Quer saber o que ela aprontou no último verão?"

Olho por olho, dente por dente tornou-se uma espécie de eufemismo, uma maneira de justificar o direito de dar o troco.

Entretanto, há outro modo de ler este versículo.

O capítulo 21 do livro do Êxodo, onde esse versículo se encontra, trata de assuntos relacionados à ofensa pessoal e a danos à propriedade. O texto inclui instruções sobre o que fazer quando alguém é sequestrado; sobre a importância de distinguir se a ofensa pessoal foi ou não dolosa; sobre o que acontece se houver uma briga feia e uma pessoa não matar a outra, mas machucá-la ao ponto de fazê-la ficar de cama; sobre qual a providência certa a se tomar quando alguém cavar uma cisterna e, por não tampá-la devidamente, um animal do vizinho cair ali; sobre o que fazer se o boi de alguém chifrar uma pessoa até a morte (se o boi costumava chifrar, e o dono o mantivesse solto mesmo assim, o castigo para o dono seria a morte). Coisas desse tipo.

Animais mortos, buracos abertos, pessoas agredidas – tudo isso pode parecer bem distante, caótico, coisa de outro mundo... a não ser, é claro, que você ligue a televisão. No final das contas, tudo soa muito familiar, não é? Mas eu estou me adiantando, nós ainda estamos falando do passado.

No meio de todas essas regras sobre brigas de rua e ataques de boi entra a frase "olho por olho, dente por dente", que significava que, se uma pessoa matasse sua vaca, ela lhe devia *uma* vaca, e não duas vacas, não uma vaca e um cavalo.

Se alguém cavasse um buraco e o jumento de um vizinho caísse nele, a pessoa tinha que indenizar o vizinho pelo dano – nem mais, nem menos.

"Olho por olho, dente por dente" era uma maneira de dizer que a punição deveria ser compatível com o crime. Era uma lei promulgada para *diminuir* a violência, e ela demonstra um insight profundo sobre a natureza humana e o caráter da vingança.

A vingança sempre se intensifica.

Quando alguém erra conosco, raramente queremos devolver na mesma medida. Por quê? Porque queremos fazer alguma coisa *ainda pior* com essa pessoa. Da mesma forma, quando alguém nos insulta, nosso instinto é procurar palavras que sejam *ainda mais* ofensivas.

A vingança segue uma escala ascendente.

No mundo antigo, essa característica da natureza humana tinha sérias consequências. Alguém mata sua vaca – o que o deteria para não matar duas, três ou quatro vacas do ofensor?

Alguém maltratou sua esposa – o que o impediria de reagir de maneira muito mais violenta?

A lei do "olho por olho" era um modo de criar uma barreira legal para impedir a escalada da violência e da ofensa.

Quando lemos essa passagem bíblica no contexto atual, a sabedoria que ela contém costuma se perder, pois se encontra pulverizada em meio a cenas com escravos, bois bravos, pessoas tendo os dentes quebrados e cisternas abertas.

Assim, à primeira vista, esse trecho pode facilmente parecer outro exemplo de cultura primitiva e retrógrada. Mas, na época em que essa lei foi promulgada, ela foi essencial para a criação de uma sociedade menos volátil e mais civilizada.

(Eu imagino que alguns leitores podem pensar: "Ei, espere, nós não somos tão civilizados assim. Apenas somos violentos e bárbaros de *outras* maneiras." Excelente observação.)

O que soa como uma sentença primitiva, violenta e bárbara era, na verdade, um passo à frente na época em que foi criada.

O que vemos é Deus encontrando pessoas reais, em lugares reais, numa época real, puxando-as para a frente, convidando-as para vivenciar um *shalom* cada vez maior (que é a palavra hebraica para paz, plenitude e bem-estar).

Aquelas pessoas ainda tinham muita estrada para caminhar? Sem dúvida.

Mas nesse trecho do livro de Êxodo vemos que elas deram ali um passo adiante.

Agora vamos avançar algumas centenas de anos até a época de Jesus, porque nesse período esse mandamento estava sendo mal compreendido e mal interpretado. As pessoas sofriam qualquer ofensa ou injustiça e justificavam seu desejo de vingança citando a antiga máxima das escrituras: "Olho por olho, dente por dente." Em outras palavras: "Eu só estou fazendo com ele o que ele fez comigo!" (Soa familiar?)

O mesmo versículo que na antiguidade tinha sido criado para promover uma sociedade justa e equilibrada – para a *redução* da violência e os abusos da vingança – na época de Jesus estava sendo usado para *justificar* a violência e a vingança.

Isso nos revela algo fundamental: tratava-se de pessoas muito religiosas, profundamente comprometidas com as escrituras, que citavam os textos sagrados de um jeito que ia *contra os propósitos de Deus.*

Dá para imaginar? Pessoas religiosas citando a Bíblia para defender atos que eram o exato oposto da intenção e do propósito contidos nas escrituras!

Portanto, é possível, sim, citar a Bíblia com a convicção de que se está defendendo a vontade de Deus quando, na verdade, se está trabalhando contra o que Deus quer fazer para impulsionar a humanidade para a frente.

Assim, para colocar um ponto final nesse assunto, vimos como é possível se apropriar de alguma coisa que foi um passo à frente em determinado momento da história e utilizá-la mais adiante de uma forma que ela se transforma num passo *atrás*.

Agora vamos para outra passagem bíblica que está no livro de Deuteronômio (21:10-14):

"Quando vocês guerrearem contra os seus inimigos e o Senhor, o seu Deus, os entregar em suas mãos e vocês fizerem prisioneiros, um de vocês poderá ver entre eles uma mulher muito bonita, agradar-se dela e tomá-la como esposa. Leve-a para casa; ela rapará a cabeça, cortará as unhas e se desfará das roupas que estava usando quando foi capturada. Ficará em casa e pranteará seu pai e sua mãe por um mês inteiro. Depois você poderá chegar-se a ela e tornar-se o seu marido, e ela será sua mulher. Se você já não se agradar dela, deixe-a ir para onde quiser, mas não poderá vendê-la nem tratá-la como escrava, pois você a desonrou."

Brutal, não acha? Não dá nem para saber por onde começar!

Que coisa mais primitiva, machista, aviltante, bárbara e degradante! Como alguém com um mínimo de respeito pelas mulheres não consideraria esse trecho da Bíblia ofensivo, repulsivo e um gigantesco retrocesso?

Interessante.

Mas vamos analisar isso melhor.

Essa é uma passagem sobre os despojos de guerra, uma ocorrência comum no antigo Oriente Médio, quando as disputas eram muito frequentes, o que significa que alguns povos estavam sempre vencendo, e outros povos, na mesma proporção, estavam perdendo e sendo mortos.

Era costume que quem vencesse a guerra se apossasse de tudo o que pertencia aos inimigos (que agora estavam mortos). Animais, joias, tendas, comida, escravos e, é claro, mulheres. De acordo com a ética vigente na época, o vencedor estava livre para fazer o que quisesse com o espólio de guerra porque todo o espólio era visto como sua propriedade. E a propriedade podia ser usada, vendida, descartada ou abusada ao seu bel-prazer.

Era assim que as coisas funcionavam.

É no contexto desse mundo bárbaro que o texto bíblico irrompe, estabelecendo regras para o uso dos despojos de guerra.

Primeiro, tomar para si uma mulher que considerou atraente significava prover a ela um teto, proteção, alimentação, roupas e tudo o mais que ela necessitasse.

Segundo, permitir que ela raspasse a cabeça, aparasse as unhas e mudasse as vestes era respeitar seu ritual de luto. A mulher havia sofrido uma perda terrível, e era preciso dar um tempo para que ela vivenciasse sua tristeza. A tristeza é uma emoção humana – posses não têm emoções e despojos de guerra não têm sentimentos. Dar à mulher estrangeira um tempo para viver sua tristeza era tratá-la como uma *pessoa* e não como uma *posse*.

Terceiro, fazer dela uma esposa implicava que agora ela seria um membro pleno do lar, com responsabilidades, direitos e status.

E ainda um quarto tópico: naquela época, quando um homem não se agradava da mulher, ele era livre para mandá-la embora, numa cultura na qual a mulher não tinha direitos, não podia reclamar e não tinha nenhuma proteção contra a exploração. Em consequência, para as mulheres que eram dispensadas pelos maridos geralmente só restava a prostituição.

Essa passagem bíblica, no entanto, proíbe dispensar uma esposa sem respeitar seus direitos, honra e dignidade – uma guinada significativa nas normas culturais relativas aos espólios de guerra, uma vez que no âmago da mensagem estava a afirmação elementar de que mulheres são pessoas e não posses.

Uma verdade óbvia para nós, mas ainda assim revolucionária na época.

O que parece para nós uma prática cultural aviltante e ofensiva era um avanço incrível naquele tempo.

Quando lemos esse trecho da Bíblia, percebemos que ele está evidentemente muitos passos *atrás*, porém, para o público original, ele representou um enorme passo à frente.

Por acaso aquela cultura ainda teria que avançar na maneira de tratar as mulheres?

É claro.

E a *nossa* cultura? Também tem um caminho a percorrer no tratamento dado às mulheres?

Sem dúvida.

O que vemos nessas passagens é Deus indo ao encontro das pessoas chamando-as para seguir adiante, em direção a um mundo com mais *shalom,* respeito, direitos, paz, dignidade e igualdade. É como se a história humana fosse progressiva, desenvolvendo-se numa trajetória ascendente, e a história sagrada fosse a captação e o registro daqueles momentos em que as pessoas se tornaram conscientes de que estavam sendo impulsionadas para a frente pela energia divina.

Para tornar isso mais simples, vamos chamar momentos como esses que acabamos de ver nos livros de Êxodo e Deuteronômio de *clique.* O que Deus faz é dar esse *clique* onde as pessoas se encontram e impulsioná-las para ir adiante.

Se estamos em A, Deus nos encontra ali e nos convida para *avançarmos* para B. Se estamos em B, Ele nos impulsiona para buscar C. E assim por diante.

Isso é verdadeiro em relação a indivíduos, famílias, tribos, nações, culturas, empresas, instituições e igrejas. Tudo isso acontece num *continuum*, num percurso, num movimento dinamizado por Deus por meio da história humana.

Toda essa questão sobre os *cliques* nos remete a uma verdade que precisamos frisar: a Bíblia é uma coletânea de livros radicalmente progressistas, que estavam à frente de seu tempo, que contam histórias sobre as interações humanas com o ser divino que nunca desiste de nós e nunca cessa de nos impulsionar e convidar para novos e melhores futuros.

Algumas observações, portanto, sobre esse impulsionar divino.

Em primeiro lugar, os pecados, as estruturas, os sistemas e a cultura em que vivemos *resistem* com muita frequência ao movimento progressivo de Deus e nos afastam do crescimento e do projeto que Ele tem para nós.

Há um exemplo claro dessa resistência no livro do Gênesis. Deus promete a Abraão que ele será abençoado, que dele sairá um grande povo e que por meio dele *todos os povos da terra serão abençoados.*

Esta promessa está carregada de implicações. Abraão, que na ocasião não tinha filhos, descobre que será pai de uma nação inteira. Isso até poderia fazer sentido para ele, pois era a forma como as pessoas da época entendiam o mundo: todos faziam parte de uma tribo e todas as tribos tinham um *pai* – um líder, um patriarca. Algumas tribos eram itinerantes, outras, fixas, algumas eram bastante ricas, possuíam terras e grandes exércitos, enquanto outras não; algumas entravam em guerra com frequência, ao passo que outras evitavam conflitos a todo custo. A identidade particular de cada pessoa numa cultura como a de Abraão era determinada na tribo à qual ela pertencia (assim como acontece num time de futebol).

É nesse contexto cultural que Deus convoca Abraão a ser o pai de um povo diferente de todas as tribos.

O povo de Abraão terá um propósito maior do que sua própria riqueza e preservação. O povo de Abraão existirá para abençoar e beneficiar todos os *outros*. Aqui está a parte importante: Deus chama Abraão para um novo estágio de ser que *inclui identidade e preservação do próprio povo*, mas que vai além disso, ajudando, abençoando e elevando todos os outros povos.

O chamado de Abraão não se limita a ele
nem à sua tribo;
ele tem a ver também com o bem-estar de **todas as tribos.**

Na verdade, o resto da Bíblia conta a história do povo de Abraão – os hebreus – e de suas lutas para cumprir seu destino e seu chamado. Ao longo dos séculos, profetas apareceram e chamaram o povo de Israel de volta ao seu destino. Um desses profetas, Isaías, avisou que eles eram "uma luz para os gentios". (*Gentios* é uma palavra que significa basicamente *todos mais*). Jesus chega, e o que ele ensina para os descendentes de Abraão? Não escondam sua luz; deixem-na brilhar!

Jesus sempre lembrava o povo de Abraão qual era sua identidade, sua missão e seu chamado, e constantemente perguntava: "Como vocês se afastaram tanto do caminho? A história de vocês deveria ser *esta*!"

E muitos deles não entenderam,
porque
as tribos têm uma tendência natural para se fechar em si mesmas.

Isso soa familiar?

Por acaso você já fez parte de alguma organização e percebeu que o projeto não tinha qualquer missão ou propósito além da própria preservação?

Ou então já ouviu falar de algum país que se tornou tão viciado no uso de um recurso natural que não conseguia mais produzi-lo em quantidade suficiente para suprir sua necessidade insaciável? E que, em vez de reduzir o consumo, gastava cada vez mais desse recurso e usava meios questionáveis – e até violentos – para obter tais recursos em outros países, correndo o risco de provocar a perda de inúmeras vidas?

Essa questão sobre o chamado de Abraão e o ensinamento de Jesus para seu povo nos remete a uma verdade importante sobre o impulsionar divino, que fala diretamente às comunidades religiosas. É possível que um povo que se veja como *escolhido* resista ao chamado de Deus para avançar, de modo que a sociedade em torno dele se torne mais avançada que ele próprio em várias áreas, como a proteção da dignidade humana, a integração da mente e do corpo, o tratamento dado às mulheres, a inclusão dos marginalizados, a compaixão e o cuidado com o meio ambiente.

As igrejas, comunidades e organizações religiosas podem proclamar que falam em nome de Deus, mas, ao mesmo tempo, estar um passo *atrás* do movimento progressista promovido por Ele.

E isso tem a ver com o impulsionar divino, a promessa feita a Abraão e uma verdade sobre os nossos dias: o apego à consciência autocentrada do tipo nosso-grupo-está-acima-de-todos-os-outros está na raiz de incontáveis guerras, conflitos, racismo, limpeza étnica, destruição ambiental e sofrimentos deste mundo. Quando falamos que Deus alcançava o povo *bem lá onde ele estava*, precisamos reconhecer que a promessa feita a Abraão ainda não se concretizou.

O Deus que impulsionava o povo para adiante *naquela época* estava chamando para um insight que nós ainda não atingimos *aqui e agora.*

Vemos nas escrituras que *ruach*, a doadora da vida, ainda está à nossa frente, pois na Bíblia encontramos Deus sempre adiante, convidando as pessoas a abrir os olhos para uma nova perspectiva da existência que ainda não foi consumada – e que ainda não vimos se manifestar completamente, milhares de anos depois.

Obtivemos um progresso enorme, inventamos coisas incríveis, descobrimos uma gama infinita de novas maneiras de processar, compartilhar e transmitir informações, e, ainda assim, o coração humano permaneceu significativamente inalterado em sua enorme capacidade de produzir ignorância, maldade e destruição.

Precisamos de ajuda.

Neste exato momento, há uma quantidade enorme de energia sendo despendida por nações para assegurar que certos países não tenham capacidade de usar bombas nucleares. A nação que lidera esse empreendimento é os Estados Unidos, que tem bombas atômicas suficientes para explodir o mundo várias vezes. Os Estados Unidos têm em torno de 6% da população mundial e possuem pouco mais da metade dos armamentos do mundo. Se num grupo de cem pessoas seis delas possuíssem a metade das armas de todo o grupo, nós teríamos um problema sério.

Portanto, pensar na Bíblia como um livro sobre *aquela gente primitiva* que fez um monte de besteiras e esquecer que ela também diz respeito a *nós* e a nossa necessidade desesperada de ser resgatados e conduzidos para um futuro melhor, é um caso típico de enxergar uma farpa no olho do vizinho e não perceber um tronco no próprio olho.

Certa vez, os discípulos de Jesus chegaram até ele, agitados, porque viram um homem expulsando demônios "em nome de Jesus". Os discípulos tentaram impedi-lo "porque ele não é um de nós".

Expulsar demônios é uma coisa boa, correto?

Acho que todos nós concordamos que, quanto menos demônios tivermos perto de nós, melhor será nosso dia, certo?

Logo, aquele homem estava fazendo uma coisa boa, uma coisa necessária, um ato libertador e curativo, e, mesmo assim, os discípulos tentaram impedi-lo.

Eles agiram desse modo porque, na concepção deles, o mundo era dividido de um jeito muito particular.

Nós. E depois todo o resto.

Qualquer que tenha sido a maneira como eles chegaram a essa conclusão, podemos deduzir que sua cultura religiosa e alguns outros fatores contribuíram para que pensassem desse modo, que deveriam tentar impedir alguém de fazer o bem.

Jesus, entretanto, está muito tranquilo em relação a essa coisa toda. Ele adverte seus discípulos a não tentarem deter o homem, "pois, quem não é contra vocês, é a favor de vocês".

Essa história evidencia um comportamento comum da natureza humana: nós dividimos o mundo, catalogamos as pessoas, criamos regras e nos sentimos justos em relação às nossas posturas, não importa quais sejam. Gastamos muito tempo defendendo os posicionamentos que assumimos e nos esforçando para encontrar as palavras certas que expressem a razão de termos optado por determinada postura.

Tudo isso apenas para descobrir que o que Deus tem para nós é maior, melhor, mais amplo, mais poderoso, mais inspirador e mais libertador do que imaginávamos.

O que levanta uma importante pergunta: Quem é Deus, afinal? Qual a relação de toda essa conversa – sobre o Deus que está conosco, que é por nós e que está adiante de nós – com a vida cotidiana, aqui, no mundo de hoje?

Essa é a grande questão
que vai merecer um capítulo inteiro.

CAPÍTULO 7

No dia a dia

Eu sou exatamente como você: chego a esse ponto do livro querendo exemplos, imagens concretas, histórias, comparações – quero saber como todas essas grandes ideias tomam forma no nosso dia a dia.

Deus é conosco,
por nós,
adiante de nós –
tudo isso é muito bonito,
mas como funciona no cotidiano?

Para falar sobre essas coisas, vamos primeiro falar sobre templos, depois sobre pão e vinho, depois sobre véus,
reis,
shows de comédia,
sombras,
profundezas,
matéria escura,
splagchnon,
macacos
e mobília.

Primeiro, vamos voltar no tempo – até 23 mil anos atrás. Um grupo de pessoas está depositando seus feixes de trigo num amontoado de rochas, que você percebe ser um altar. Estão depositando o trigo ali porque acabaram de colher sua safra e querem mostrar aos deuses quanto são gratos pelo alimento que manterá suas famílias vivas nos próximos meses. Eles aprenderam que, para que o grão cresça, é preciso que chova na quantidade adequada, que o sol brilhe nas estações certas e que a plantação seja protegida de doenças e de animais que possam devorar as sementes. É necessário ter sorte para que a colheita seja abundante, e eles sabem que são impotentes diante de todas as forças potencialmente destrutivas da natureza. Assim, esse povo criou um ritual, separando uma porção da safra para oferecê-la ao deus da chuva, ao deus do sol e ao deus protetor como um gesto de agradecimento e de adoração.

Vamos pular algumas centenas de anos naquela mesma colina. Agora existe um templo próximo ao altar, e pessoas de túnica levam para dentro do templo os feixes que as pessoas comuns depositam sobre o altar.

Por que um templo? Porque, à medida que os anos avançaram e as ofertas se multiplicaram, as pessoas se perguntavam se o que elas faziam era *suficiente*. Talvez elas tivessem que ser mais hospitaleiras com os deuses, mais acolhedoras; talvez, se os deuses fixassem residência no meio delas, as coisas pudessem ser melhores. E então elas construíram o templo, uma casa para eles.

Mas com esse sistema religioso e suas novas regras e rituais, veio a suspeita perturbadora de que as coisas poderiam estar erradas.

Uma palavra errada,
uma atitude incorreta,
um ato ofensivo,
uma oferenda equivocada –
quem sabe o que desagrada aos deuses?

Como saber se a seca não está acontecendo porque alguém ofereceu um sacrifício de forma inapropriada e provocou a ira do deus da chuva?

Aos poucos, foi surgindo no meio desse povo uma classe especial de pessoas chamadas de "sacerdotes" para *supervisionar* esses rituais, sacrifícios e oferendas. Eram pessoas separadas das massas, devotadas à vida do templo, imbuídas da tarefa de garantir que tudo fosse feito da maneira mais adequada para atrair o favor dos deuses.

Imagine agora que você seja uma moça que acaba de descobrir que está grávida. Você deseja gerar um bebê saudável e ter um parto tranquilo, por isso resolve ir ao templo para ofertar trigo e vinho para a deusa que protege as grávidas. Você fará o que for preciso para obter o favor das divindades do parto.

Então você sai de casa
e segue para o templo.
Você deixa seu lugar diário, comum e usual
e entra no espaço sagrado, divino e santo,
onde encontra os sacerdotes – pessoas consagradas, incomuns e santas, separadas das massas para executar a tarefa de administrar o templo, organizar os sacrifícios e manter os deuses satisfeitos.

Você faz isso porque sua vida se divide em dois tipos de espaço e tempo.

Há o sagrado
e há o comum.
Há o lar
e há o templo.
Há o santo
e há o corriqueiro.
Há o divino
e há o cotidiano.

Vamos dar uma pausa aqui para sublinhar rapidamente duas coisas: a primeira é que o surgimento de altares, templos e liturgias religiosas na história humana não foi uma coisa ruim; foi uma coisa *primitiva.* Nos primórdios da evolução, tomamos consciência de que nossa existência estava à mercê das forças além de nosso controle, como a chuva, o sol, as doenças e os desastres naturais. Na verdade, esse foi um grande avanço, pois nele estava enraizado o reconhecimento de que há dimensões da realidade que são *invisíveis.*

Para ressaltar a segunda coisa, retorno ao nascimento da religião, porque essa divisão primitiva entre o sagrado e o comum ainda está bem viva nos dias de hoje.

Uma igreja perto de onde eu morava fez uma enquete perguntando aos membros da congregação quanto da *vida espiritual* era importante para cada um deles.

Vida espiritual? Como oposta às suas *outras* vidas?

Por que tantas igrejas comemoram quando alguém é "chamado" para o ministério, mas poucas comemoram quando alguém é chamado para o direito, para a medicina, para o mundo dos negócios, para as artes, para fazer sanduíches ou para ser mãe?

Ao longo dos anos, ouvi muita gente que, ao falar de seu emprego, fazia uma observação do tipo: "Ah, é um trabalho comum, não é como ser um pastor ou fazer algo *espiritual* como isso."

Por que estou falando dessas coisas? Porque Jesus deixa para trás essa divisão para que a história humana possa seguir em frente. Num dos relatos sobre a morte dele, lemos que o véu do templo de Deus – aquele que mantinha as pessoas distantes da sagrada presença Dele – *rasgou-se.*

Certo escritor do Novo Testamento disse que *rasgar-se* era uma maneira de mostrar como, por causa de Jesus, agora podemos ter um acesso direto a Deus.

Mas a imagem do véu se rasgando também significa que Deus vem para fora, que não está mais confinado ao templo como estava anteriormente.

(É claro que Deus nunca esteve confinado a quatro paredes. Mas a questão é que o *nosso entendimento* de Deus *estava.*)

A história de Jesus, portanto, é um estágio radicalmente novo, e talvez possamos dizer que foi um *clique* em nosso entendimento sobre Deus.

Um templo é uma coisa significativa e proveitosa porque ele dá aos humanos um meio de elaborar a ideia do *santo* e do *sagrado.* Para enxergar alguma coisa como sagrada é preciso distingui-la do restante e reconhecê-la como especial.

Constrói-se um templo para disseminar a ideia do sagrado, mas, ao fazer isso, corre-se o risco de que as pessoas dividam incorretamente o mundo em dois compartimentos distintos que, na verdade, não existem.

Essa é a razão de a história de Jesus ser tão inspiradora e revolucionária. Jesus vem até nós como Deus em forma corpórea, o divino e o humano coexistindo no mesmo lugar, com a sua morte pondo fim à ideia de que Deus está confinado num templo,

porque toda a terra é um templo
e o mundo todo é santo,
como disse o profeta Isaías.

Ou, como afirmavam os cristãos do Novo Testamento, *nós* somos o templo.

Deus habita agora em um novo lugar,
e esse lugar somos nós.

Agora vamos dar mais um salto no tempo para analisar a maneira como entendemos a natureza da realidade. Vamos até a noite em que Jesus foi traído. Rodeado por seus discípulos, fazendo sua última refeição, ele repartiu o pão e o vinho, dizendo que esses alimentos comuns eram seu corpo e seu sangue, e que sempre que se reunissem e se alimentassem de pão e vinho teriam uma experiência da nova vida que Jesus lhes dava por meio de sua vida, morte e ressurreição. Ao fazer isso, Jesus estava tratando o pão e o vinho comuns como sagrados, pois, para ele, *todo pão e todo vinho são sagrados.*

E todo pão e todo vinho são sagrados porque, para ele, *tudo na vida é sagrado,* incluindo todos os relacionamentos, acontecimentos, tarefas, conversas, trabalhos, palavras e, é claro, trabalhos, por mais comuns que eles pareçam.

Alguns sábios da antiguidade disseram que quando Moisés encontrou a sarça ardente, ele não descalçou as sandálias porque o solo se tornou santo de repente; ele descalçou as sandálias porque descobriu que a terra era santa *o tempo todo.*

Nós estamos em solo sagrado onde quer que estejamos, e Jesus veio para nos ensinar que o mundo inteiro é um templo porque *nós* somos templos, que tudo na vida é espiritual, todo espaço é sagrado e todo solo é santo. Ele veio para ampliar nossa percepção e iluminar nossos olhos para enxergarmos o que nos rodeia de nova forma. E agora estamos começando a ver.

Os templos, os cultos religiosos e a adoração continuam a ter seu lugar e sua importância em nossas vidas, mas no mesmo patamar que as mães, os comerciantes, os garis, os advogados, os bombeiros, os arrumadores de prateleira nos supermercados, os professores, os cobradores das cabines de pedágio, os agricultores, os designers, os atendentes de bar e todos que se reúnem em torno de uma mesa com pão e vinho para celebrar a passagem de Jesus por este mundo enquanto recordam que todas as vidas têm relevância, que todo trabalho é santo, que todos os momentos são sagrados e que todos os encontros entre pessoas são divinos.

Para Jesus,
nunca é *apenas* um emprego,
uma conversa nunca é *apenas* uma troca de palavras,
uma refeição nunca é *apenas* a ingestão de comida,
porque
nunca é apenas

pão
e nunca é apenas
vinho.

Jesus não dividia o mundo entre profano e sagrado; ele nos deu olhos para enxergar o sagrado *no que é comum*. Ele veio para nos ajudar a ver o mundo como ele realmente é: todas as coisas têm importância, estão interligadas e se dirigem para algum lugar.

É fácil cada novo dia tornar-se exatamente como todos os outros, não é?

Acordar, tomar café, ir para o trabalho, para a escola, para a academia ou para o supermercado, navegar na internet, passear com o cachorro, dar alguns telefonemas, levar os filhos para o colégio, tomar as providências de sempre, assistir à televisão, fazer tarefas domésticas, ir ao dentista, escrever relatórios, verificar seus e-mails – tudo isso sem deixar de regar as plantas, passar no hortifruti na volta para casa, guardar a roupa lavada e escovar os dentes para ir dormir... e acordar no dia seguinte para começar tudo de novo.

Nossos dias podem facilmente se tornar entediantes,
com todas as partes e as peças se misturando,
perdendo a conexão, a profundidade e o sentido,
tudo se afastando da sensação de que *há algo mais.*
E assim uma árvore se torna apenas uma árvore,
uma conversa, só uma sucessão de palavras,
uma canção, somente um ruído ao fundo,
e um trabalho, apenas um meio de ganhar dinheiro.

Tudo se reduz ao que que aparenta ser na superfície, no seu nível mais raso, separado da fonte.

O que nos leva de volta à festa de dezembro da minha cidade, ao presépio de Natal, ao nascimento de Jesus com seu punho redondinho, àquele coral na loja de surf em cuja música o divino e o humano coexistiram. Quando falamos de Deus, estamos falando de Jesus, que veio para nos reconciliar e religar com o profundo e o sagrado, com a santidade, com o significado e o sentido de todos os momentos de todos os nossos dias.

Jesus contou a história de um rei que separava seus súditos como "um pastor separa as ovelhas dos bodes". E aprendemos nessa parábola que as ovelhas eram aquelas que haviam levado comida para o rei quando ele teve fome, água quando ele estava sedento, roupas quando ele estava nu, que cuidaram dele quando ficou doente e que o visitaram quando ele esteve na prisão.

As pessoas consideradas ovelhas ficaram confusas quando souberam de sua boa reputação junto ao rei.

"É... rei? Quando foi que você teve fome, sede, ficou nu, doente e solitário? Nós nunca o vimos dessa maneira!", perguntaram elas, pois, aos seus olhos, aquele rei estava muito bem, com todas as necessidades básicas supridas e sem falta alguma de alimentos, roupas e amigos.

O rei então respondeu: "O que vocês fizeram a algum dos meus menores irmãos e irmãs, a mim o fizeram."

O rei faz a impressionante declaração de que está presente, de algum modo, na solidariedade ao próximo demonstrada por aqueles súditos, e que o amor, o cuidado e a compaixão que são demonstrados aos *outros* são recebidos como amor a *ele*.

Jesus contou muitas histórias como essa, que falam da presença de Deus em todas as nossas atitudes – a unicidade, o poder e o amor presentes aqui e agora nas coisas que estão escondidas para quem só enxerga a superfície.

A parábola do rei suscita a pergunta: O que nós estamos perdendo? Há um mundo inteiro aqui dentro deste, tão próximo quanto nossa respiração, mas não conseguimos vê-lo porque andamos rápido demais, estamos separados da fonte, desligados da profundidade, com os olhos fechados.

Jesus veio para nos ajudar a enxergar as coisas como verdadeiramente são: todas caminhando para a frente, conectadas, com níveis cada vez mais altos de hierarquia conduzindo para o holismo que está além de nós mesmos, onde tudo tem importância e é permeado pela energia e pelo poder de Deus.

Os primeiros cristãos tinham um jeito de falar sobre esse grande movimento, que é maior do que qualquer um de nós e que perpassa toda a história humana: eles escreveram que Deus está impulsionando o mundo para a frente para que Ele esteja *sobre todos, por meio de todos* e *em todos*. E em outra passagem bíblica está escrito que Deus faz o que faz para que possa ser *tudo em todos*.

Sobre todos,
por meio de todos,
em todos
e
tudo em todos.

Para Deus ser reconhecido como tudo em todos
precisamos nos tornar cada vez mais conscientes da unidade de todas as dimensões e profundidades do ser –
da física à espiritual,
do visível ao invisível,
e da matéria ao espírito –
passando por tudo que está no meio.
E isso acontece quando vemos o universo como a realidade unificada e sem costuras que ele sempre foi.

Quando dizemos sim para esse convite, esse chamado, essa impulsão, as coisas que anteriormente pensávamos ser opostas –
como fé e ciência,
cérebro e coração,
lógica e sentimento,
alegria e dor,
ter explicação e não ter explicação –
irão se reconciliar e assumir seus próprios lugares
enquanto florescemos e prosperamos nesta vida, aqui e agora.

Isso me faz lembrar do meu amigo Tim.

Ele é ator, comediante, palestrante motivacional e escritor. Tim apresentava um programa de rádio às sextas-feiras pela manhã em que respondia ao vivo às perguntas dos ouvintes. Em um desses programas, ele resolveu se identificar como um sacerdote irlandês, chamando a si mesmo de Padre Tim, e convidou os ouvintes a fazer perguntas sobre qualquer assunto que desejassem saber. Padre Tim foi um sucesso absoluto, tanto que meu amigo decidiu fazer uma aparição pública numa festa da rádio.

Eu já mencionei aqui que se tratava de uma rádio de rock?

Pois bem, vestido de batina e com uma estola sacerdotal, "Padre" Tim apareceu na festa, se confraternizou com as pessoas e circulou com desembaraço contando casos, completamente à vontade na festa promocional de uma rádio roqueira.

Uma convidada lhe disse que seu marido havia dirigido por quatro horas para encontrá-lo pessoalmente, pois ele "nunca havia se sentido tão próximo de Deus". Outras pessoas se aproximaram e pediram que ele abençoasse seus bebês.

Sem nenhum escrúpulo, Tim decidiu levar a farsa adiante. Ele conseguiu uma grande caixa de papelão e fez um corte quadrado no meio; recortou algumas tiras do papelão e as colou no quadrado para criar uma janela de confessionário. Então, num sábado à noite, foi até um teatro de comédia no centro da cidade com a indumentária completa de Padre Tim e perguntou ao animador se poderia subir ao palco. Em meio à algazarra típica desses lugares, ele arranjou duas cadeiras, posicionou-se com seu "confessionário" no centro do palco e perguntou se alguém ali queria fazer uma confissão.

Agora, a parte mais intrigante: muitos quiseram! Em questão de minutos formou-se uma fila com gente disposta a confessar seus pecados diante de uma plateia de estranhos.

Conto essa história porque, muitas vezes, carregamos segredos, pecados, dúvidas, tristezas e medos obsessivos, e não sabemos o que fazer com eles.

Estas coisas estão lá, em algum lugar do nosso interior, agindo nas sombras, exaurindo nossa força e vitalidade.

Conforme está escrito nos Salmos:

"Enquanto eu me calei,
envelheceram os meus ossos..."

Apesar de vivermos vidas divididas, isoladas e compartimentadas, sabemos que não é assim que deve ser, pois nosso corpo, mente e coração querem estar unidos. E Deus está nessa consciência de que quando alguma coisa nos devora por dentro não é certo mantê-la escondida, reprimida ou sufocada. É o *ruach* de Deus extraindo a verdade de dentro de nós para que as energias sombrias e destrutivas não envelheçam nossos ossos.

Temos algumas expressões para descrever esse movimento de Deus em nossa vida:

falamos em tirar um peso do coração;

falamos em como é bom desabafar;

afirmamos, depois de verbalizar algumas verdades ou dúvidas, estar mais leves.

Toda essa linguagem figurada expressa que as barreiras entre nosso corpo, nossos pensamentos e nossas emoções foram rompidas.

Mas por que será que liberar nossos sentimentos propicia tamanho alívio *no peito?*

Para muitas pessoas, a palavra *confissão* está relacionada a julgamentos e condenação por parte de Deus e ao suposto fato de Ele estar à espreita, aguardando um único erro para nos punir.

Confissão, porém, tem a ver com liberação, com liberdade.

Ao expurgarmos a escuridão e a dor que estão dentro de nós, neutralizamos o seu poder.

Certa vez, Jesus contou uma história sobre dois homens que entraram no templo para orar. Um deles repetia como estava feliz por todas as coisas boas que havia feito e por não ser igual às outras pessoas, enquanto o outro homem ficava à distância e orava: "Deus, tem misericórdia de mim, que sou pecador." Jesus disse que o segundo homem foi para casa *livre*.

Fazendo uma analogia meio nojenta, a confissão é como o vômito. Pode até cheirar mal e fazer a maior sujeira, mas você se sentirá melhor – se sentirá limpo – quando tiver terminado.

No decorrer dos anos, as pessoas confessaram todo tipo de coisas para mim. Das mais triviais, algumas vezes até engraçadas, às mais estranhas, obscuras, violentas e ilegais. Eu sempre lhes pergunto primeiro: "Você já contou isso para alguém?" E um número espantosamente alto de pessoas responde que não, que ninguém mais sabe daquilo.

Isso não é apenas triste – é destrutivo. Nós *precisamos* uns dos outros. Precisamos de amigos e da comunidade, de pessoas com quem possamos desabafar, contar tudo. E precisamos dizer sim ao estímulo de Deus para termos vidas saudáveis e harmoniosas, onde nada esteja dividido, fragmentado, reprimido, sufocado ou escondido.

É por isso que o livro dos Salmos está tão cheio de pessoas pedindo a Deus que faça coisas horríveis, vingativas e violentas contra seus inimigos.

Você já se sentiu assim alguma vez? Como se quisesse impingir um sofrimento lento e doloroso a alguém que o feriu? Os salmos mostram o que acontece com uma espiritualidade saudável e vibrante – você ora sobre estes impulsos maldosos, desenterra-os e verbaliza-os, por mais nocivos e cruéis que sejam.

E o que você descobre quando faz isso é que eles se tornam *menos* do que costumavam ser.

Menos imperativos,
menos urgentes,
menos poderosos.

Faça uma lista da última coisa terrível que você quis fazer a cada pessoa que odeia e, quando terminar, você terá muito menos energia para fazer listas.

O simples fato de ser honesto sobre o que está realmente sentindo já faz com que você viva menos fragmentado. Em Provérbios está escrito que "o coração em paz dá vida ao corpo". Claro! A mente, o coração e os ossos são uma unidade inter-relacionada e interligada. Quando você prejudica alguém ou viola seus valores e guarda esse segredo sombrio, ele afeta negativamente todo o seu ser.

Todos nós temos um lado sombrio, uma parte onde residem medos, inseguranças, cobiças, terrores e as piores suspeitas sobre nós mesmos. É um lugar agitado, inquieto e escuro, que geralmente contém verdades que podem nos ferir profundamente.

Deus – aquele que está conosco, é por nós e está adiante de nós – nos incentiva a encarar aquilo que mais nos aterroriza e a aceitar nosso lado sombrio, recusando-nos a permitir que ele exista de forma separada do resto do nosso ser, tendo a certeza de que somos amados, acolhidos e de que vamos ficar bem.

As pessoas lidam com seu lado sombrio de muitas maneiras, e a mais comum delas é elegendo inimigos externos e culpando-os por uma longa lista de malefícios. Essa estratégia geralmente cumpre bem o papel de nos ajudar a evitar o que está oculto dentro de nós.

As instituições podem se transformar facilmente em sistemas de gerenciamento das trevas, capacitadas para convencer as pessoas de quanto o *outro* – alguma outra pessoa ou grupo – é perigoso, mau, errado e ameaçador.

Em geral, as pessoas respondem favoravelmente a esse gerenciamento porque isso é bem mais fácil do que mergulhar na escuridão. E assim o número de membros dessa instituição aumenta, o orçamento cresce e o sistema vai se tornando cada vez mais convencido de sua própria importância e poder. É fácil aprimorar a retórica, identificar um novo inimigo a cada semana, desafiá-los um a um, aparecer para seus seguidores como forte, firme, com ideias bem definidas, mas, no final das contas, tudo não vai passar de um sistema raso e patético.

Vale lembrar que 96% do universo é matéria escura – uma fonte de energia ativa e pulsante que dá vida ao próprio universo. Nós não transformamos nosso lado sombrio negando-o, mas penetrando nele, aceitando-o, conhecendo-o, chamando-o pelo nome, porque cremos que Deus é conosco e por nós.

Quando fazemos isso, damos nome aos nossos medos, pecados e falhas, reconhecendo-os e descrevendo-os da forma mais clara que conseguimos. Nós atravessamos essas emoções difíceis em direção à nova vida que se encontra do outro lado. Enfrentamos o pior de nós mesmos e sobrevivemos, saindo fortalecidos no único sentido que verdadeiramente importa.

É por isso que a ressurreição é uma imagem tão simbólica: Jesus enfrenta o pior que pode acontecer a uma pessoa e aparece vivo do outro lado, de uma nova forma. Quando se faz isso, não se ganha uma fortaleza falsa, uma pose, mas uma força tranquila, mansa e sólida de quem viveu os maiores tormentos e depois os viu serem transformados em fonte de energia.

Ser saudável e inteiro, portanto, sempre nos levará a uma experiência íntima com nosso eu mais profundo (o que inclui nosso lado sombrio) e com nossos desejos mais verdadeiros.

Jesus perguntou a certo homem: "Que queres que eu te faça?"

É uma pergunta direta e simples, mas quem consegue respondê-la? O que *você* quer? Pelo quê pagaria um alto preço, suportaria embates e ultrapassaria obstáculos? O que faria você se levantar toda manhã na expectativa de um novo dia?

Há uma razão pela qual tantas transformações pessoais começam com a pergunta: "É só isso que existe?"

Deus nos dá desejos,
entusiasmo,
paixão
e amor –
nos dá desejos de justiça, compaixão, organização, ordem, beleza, conhecimento, sabedoria –

e quando nos dissociamos desses desejos,
perdemos um elo vital com quem somos.

Porque a maioria de nós aprende rapidamente a se adaptar, a saber o que as autoridades esperam de nós, a entrar no jogo. Isso pode ser bom, lucrativo e útil, pode nos garantir atenção e elogios, mas também pode nos desfigurar. O perigo é nos tornarmos escravos das expectativas dos outros e perder nossa essência nesse processo.

Os gregos tinham uma maneira de falar desse lugar profundo onde nossos desejos estão: eles chamavam de *splagchnon.* Essa palavra significa, literalmente, *entranhas, intestino, tripa* ou *vísceras.* Ela se refere àquela parte de nós que está verdadeiramente viva, ao núcleo do nosso ser que nos impulsiona a agir, tocar e sentir.

Sendo assim, quando falamos de Deus, estamos falando do divino *ruach* que opera ininterruptamente e nos conecta ao nosso *splagchnon,* aproximando-nos da determinação, da fibra e da coragem que nem sabíamos que tínhamos, dando-nos aquilo de que necessitamos para encarar, conhecer, nomear e abraçar tudo o que for verdade em nós – medos, vícios, dúvidas, culpas, sonhos, desejos, esperanças e anseios.

Deus é encontrado sobre tudo isso, por meio de tudo isso e em tudo isso. O que, naturalmente, inclui nosso corpo.

Uma amiga me contou que uma conhecida sua começou a dar aulas de ioga na pequena cidade onde morava. Era a primeira vez que alguém dava um curso de ioga naquele lugar e, para surpresa dela, apareceram muitas alunas. Mas algo fascinante aconteceu: várias mulheres começaram a chorar durante a aula.

Provavelmente você está fazendo a mesma pergunta que eu fiz quando ouvi minha amiga contar essa história: "Qual o problema? É apenas uma aula de ioga." Pois é. Mas a professora logo desenvolveu uma teoria convincente para explicar por que as mulheres choravam em suas aulas. *Yoga* é uma palavra em sânscrito que significa *juntar, unir* ou *integrar.* Quando a professora começou a conhecer as participantes e a ouvir o que elas achavam das aulas, descobriu que, para a maioria delas, aquela era a primeira vez que ouviam que seu corpo é bom, que devem honrá-lo, respeitá-lo e cuidar dele como o presente divino que ele é. Nunca antes alguém tinha orientado aquelas mulheres a integrar seus corpos com o resto de seu ser.

Alguma vez você já sentiu que uma pessoa estava mentindo mas não conseguiu ter uma explicação exata de *como* sabia disso? Você *simplesmente sabia.*

Nós costumamos dizer para nós mesmos que somos racionais e lógicos, mas "sabemos" de um monte de coisas por instinto, por sensações, por *algo que diz* que aquilo é verdadeiro.

Estima-se que o inconsciente influencie em torno de 70% de nosso comportamento. Nós captamos sinais de pessoas e lugares o dia todo. Nós sabemos quando estamos sendo seguidos, quando alguém merece ou não nossa confiança, quando estamos sendo observados. É impressionante como as mulheres percebem quando correm perigo, ainda que não consigam explicar como isso acontece. Muitas dessas percepções vêm da chamada *energia subcortical*, que se originam de um lugar em nosso ser que está além da consciência racional.

Somos seres altamente perceptivos, com muitas camadas de complexidade sensorial, todas afinadas e calibradas para captar as mensagens que o ambiente nos envia a cada segundo.

É por isso que a arte nos toca tão fundo. Às vezes ficamos hipnotizados diante de um quadro porque achamos aquela pintura imensamente poderosa, mas somos incapazes de explicar de que forma ela mexe com nossa emoção.

Há alguns séculos, no mundo ocidental, nossa dimensão racional passou a ter mais importância do que a intuição. Isso teve um efeito drástico na maneira como processamos os estímulos externos, o que levou muita gente, desde então, a subestimar as informações que nossos corpos captam do mundo ao redor.

Para estarmos receptivos ao poder integrador de Jesus em nossas vidas, precisamos nos conectar cada vez mais a *todos* os meios de conhecermos as coisas, desde a perspectiva linear, lógica e intelectual do cérebro até os sinais do nosso corpo. E isso não se refere apenas a ouvir e confiar no que ele diz, mas também à responsabilidade de honrá-lo como o presente divino que é.

Quanto mais sintonizados estivermos com nossas profundezas, sombras e desejos, mais importância Deus terá em todas as áreas de nossa vida e mais perceberemos a importância da nossa interação com os outros em cada gesto, conversa e olhar.

No começo dos anos 1990, neurobiologistas italianos pesquisaram o funcionamento do cérebro dos macacos. Quando um macaco comia um amendoim, determinados neurônios motores de seu cérebro se acendiam. Com isso, os cientistas descobriram algo inesperado: quando o macaco assistia a algum dos pesquisadores comendo um amendoim, aqueles mesmos neurônios motores se iluminavam.

Só de olhar.

Pesquisas semelhantes feitas no cérebro humano levaram à descoberta de que quando a pessoa A vê a pessoa B comendo amendoim, 20% dos neurônios motores da pessoa A se acendem como se ela própria estivesse comendo o amendoim.

Suas ações fazem _meu_ cérebro reagir de maneiras muito específicas.

Alguma vez você já sentiu vontade de bocejar porque seu amigo estava bocejando? Em um restaurante, já quis pegar seu copo para tomar uma bebida e percebeu que só estava fazendo isso porque seu acompanhante tinha acabado de tomar um gole da bebida dele?

É a mesma coisa.

Nós causamos um impacto profundo uns nos outros e estamos muito mais ligados no que cada um está fazendo do que percebemos. Somos esquemas e relações de energia que se movem através do espaço e do tempo; somos feitos de milhões de células que estão morrendo e sendo substituídas a cada segundo juntamente a trilhões de átomos frenéticos que nos formam neste exato momento, mas que no próximo seguirão adiante para se transformar em outras coisas.

Quando dizemos que acabamos de ter uma conversa desgastante com alguém, quem sabe o tipo de troca que aconteceu em nível subatômico? Essa pessoa pode realmente ter nos sugado.

Pode não ser simplesmente uma figura de linguagem.

Quando falamos que alguém arrancou um pedaço de nós, será que não arrancou mesmo?

Ou quando dizemos que alguém sugou vida de dentro de nós, como sabemos que não foi exatamente isso que aconteceu?

O mundo moderno, em seu fascínio por partes e fragmentos, nos ensinou que somos seres individuais e isolados, que se falam e interagem, porém não muito mais do que isso. Contudo, o que sabemos intuitivamente e estamos aprendendo cada vez mais com a ciência é que há muito mais coisas acontecendo entre nós do que imaginávamos a princípio.

Então, quando Jesus nos convida a amar o próximo, isso é mais do que um mandamento, uma afirmação ética ou uma regra da vida; é uma verdade sobre a própria natureza da realidade. Como estamos tão ligados a todos ao nosso redor, as intenções, palavras e pensamentos que temos em relação aos outros têm mais importância do que podemos supor.

Existem diferentes tipos de esgotamento, e eles nos afetam de maneiras distintas. Um aluno deixa a sala em que fez a prova para o vestibular exausto, com o cérebro quase fritando. Alguém termina uma maratona totalmente exaurido, com os músculos doendo. Porém, se a mãe de seu amigo morre e você vai ao velório, sente um tipo de desgaste totalmente diferente. Essa experiência não afeta tanto seu cérebro ou seus músculos, mas seu espírito. Alguns acontecimentos nos esmagam em um nível espiritual, da mesma forma que algumas pessoas podem esmagar nosso espírito se assim o permitirmos.

Você se lembra da descoberta de Einstein de que a matéria é energia contida e a energia é matéria liberada? Exercemos uma força gravitacional sobre cada objeto que está ao nosso redor, incluindo as pessoas. E elas estão fazendo o mesmo conosco, no mesmo instante.

Quando encontramos uma pessoa inspiradora, ela pode nos transmitir mais do que apenas palavras e atitudes. Da mesma maneira, quando uma pessoa nos dá um presente feito por ela, ficamos comovidos, como se uma parte dela estivesse viva naquele presente. E não porque sejamos supersticiosos, mas porque uma parte da pessoa pode *realmente* estar naquele presente.

Cada vez que falamos sobre as vibrações emitidas por uma pessoa,
ou da sensação estranha que alguém nos passa,
ou da certeza de que alguém é invejoso,
ou que cultiva amargura,
ou é dispersivo,
nossos corpos estão fazendo o mesmo trabalho que os sistemas de radar altamente sofisticados fazem: captando sinais e os processando em tempo real.

Como sabemos, um abismo chama outro abismo.

Nossa linguagem corporal, nossas expressões faciais e nossas mudanças de postura quando interagimos com os outros são tão variadas que algumas delas não podem ser percebidas se não forem gravadas e reproduzidas em *câmera lenta.*

Sabe aqueles momentos em que temos a impressão de que a pessoa tem algo mais a dizer, mas não sabemos bem por que achamos isso? Provavelmente tal sensação foi transmitida por algum sinal que o corpo dela nos enviou, mas que foi rápido demais para compreendermos em nível consciente.

O cérebro tem uma capacidade incrível de processar e de se transformar em resposta a um estímulo externo. Isso se chama *neuroplasticidade*, e com ela aprendemos que a maneira como focalizamos nossa atenção molda nosso cérebro.

A alegria é contagiosa
o desespero derruba a todos.
Porém, quando a energia positiva está presente e fluindo,
todos se beneficiam.

É por isso que encontramos tantas passagens na Bíblia sobre o fruto do espírito, sobre não reclamar, se alegrar sempre, ser grato, dar graças e também sobre nos lembrar de onde já estivemos.

Quanto mais nos abrimos para a unificação e integração que Jesus faz em nossa vida, mais percebemos que os chamados "clichês" sobre a energia positiva, as boas vibrações e o poder contagiante da alegria são indicadores *reais* de como o mundo funciona.

Os encontros pessoais e o meio ambiente atuam sobre nós, e quanto mais sentirmos Deus harmonizando todas as dimensões de nossa vida, mais estaremos conscientes do efeito que o ambiente e as interações têm sobre nós.

Um exemplo rápido envolvendo arquitetura: por diversas razões biológicas e fisiológicas, você é um ser fototrópico, que utiliza a luz como fonte de energia. Mas também tem pernas que ficam cansadas quando você fica muito tempo de pé. Por isso, quando entra numa sala, você é atraído para a janela, mas também é atraído para os assentos. Você quer luz e quer se sentar. Tudo está perfeito, a não ser que a cadeira ou o sofá esteja longe da janela. Quando isso acontece, a sala o atrai para dois lugares ao mesmo tempo. Isso cria uma tensão em seu ser, e forças bastante reais dentro de você entram em conflito.

Pense agora sobre essas forças conflitantes em uma escala mais ampla. Quando a consciência ganhou um novo impulso nos últimos séculos, algumas dinâmicas como essa foram desprezadas, porque as pessoas passaram a enxergar o universo como uma máquina, concebido para ser produtivo e eficiente. O design, a estética e a maneira como sentíamos as coisas foram relegados a segundo plano e passaram a ser vistos como irrelevantes, pois pareciam ter pouca relação com o que podia ser empiricamente mensurado, como o lucro, os custos, a produtividade e a eficiência.

Mas somos seres interligados, e por isso a estética tem importância. A própria Bíblia começa com Deus se deslumbrando com a beleza das coisas que criou. As cores, o layout, os sentimentos, a paisagem, a arrumação dos móveis, os formatos, as linhas, as curvas, tudo importa, pois nos afetam de maneira poderosa e sublime.

A beleza importa, e quando estamos conscientes do *ruach* de Deus atuando neste mundo, ficamos abertos para a importância de todas as dimensões do nosso ser, porque Jesus está nos salvando, resgatando, redimindo e reconciliando a cada instante. Ele está nos unificando e nos aproximando da vida abundante e feliz que Deus tem para nós.

Voltemos mais uma vez à mesa com o pão e o vinho. Há uma razão para as pessoas tomarem o pão e o vinho e se lembrarem da vida, da morte e da ressurreição de Jesus:

Nós precisamos ser lembrados de quem somos e de como as coisas são de verdade.

Por isso nos sentamos à mesa exatamente como somos; em alguns dias nos sentindo no topo do mundo, e em outros mal nos aguentando em pé. Às vezes nos sentimos uma máquina, um simples parafuso numa engrenagem, partidos e separados da profundidade das coisas, e esses dias parecem iguaizinhos a todos os outros. Porém, há dias em que nos sentimos completamente ligados, cheios de vida, hiperconscientes da presença do Deus que é tudo em todos.

O segredo para isso não é criar um espaço para Deus acima ou fora da vida diária. O segredo está em aprender a abrir os olhos para a santidade e a natureza sagrada da vida – que inclui a família, os amigos, os vizinhos, o dinheiro, a respiração, o sexo, o trabalho, o lazer, a comida e o vinho.

Esse é Deus.

Isso é o Deus que é tudo em todos, reintegrando corpos, mentes, almas, espíritos e todas as partes que nos compõem,

quando nossos olhos estão abertos –

no bem,
no mal,
no que é feio,
no que é bonito,
no que nos anima
e no que nos abate –
para a presença do Deus que está conosco,
que é por nós
e que está adiante de nós.

Epílogo

UMA ÚLTIMA REFLEXÃO.

No Novo Testamento há uma carta que um dos primeiros cristãos, Paulo, escreveu para seus amigos em uma igreja na cidade de Filipos, na região da Macedônia. Nessa carta, ele lhes diz que o Deus que *começou uma boa obra* neles com certeza irá *completá-la.* Paulo faz uma coisa realmente inteligente, que muitos dos escritores judeus também faziam: utiliza as palavras em uma ordem específica para transmitir muitas coisas ao mesmo tempo. Paulo usa as palavras *começou, boa obra* e *completar* de forma intencional: estas palavras são carregadas de sentido porque foram utilizadas nessa mesma ordem no poema da criação do Gênesis que inicia a Bíblia. Um poema que fala de um grande estrondo que trouxe este mundo à existência, impregnando-o de um gigantesco potencial de energias criativas. Portanto, quando Paulo, um homem profundamente versado nos textos hebreus antigos, usa na carta a seus amigos aquelas palavras específicas, numa ordem específica, ele está fazendo um link da história deles com a criação do universo.

Seu ponto é o seguinte: **o mesmo estrondo criativo que formou o universo está liberado em nós por meio de nossa con-**

fiança no que Deus está fazendo neste mundo através de Jesus. A certeza de Paulo é que essa extraordinária energia criativa está disponível de maneira profundamente pessoal e a nosso alcance.

E eu acredito nisso.

Acredito que você e eu estejamos apenas arranhando a superfície de tudo o que é possível.

Nós somos esse coquetel estranho e exótico de poeira, quarks, sangue, alma, espírito, de tudo que não pode ser nomeado e que contém profundidade e dimensão infinitas, caminhando por esta terra como bípedes confusos e divididos e que, no fim das contas, não faz sentido algum.

Eu imagino, às vezes, que entender isso é tão simples quanto dizer *sim*
mil vezes por dia.

Abrir seu coração para considerar que pode haver um poder invisível ao seu redor, aqui e agora, não é difícil. E não é uma questão de fazer acontecer: trata-se de despertar para o que já está acontecendo à sua volta o tempo todo. Trata-se de confiar na presença do Deus que está **conosco**, que é **por nós** e está **adiante de nós**.

Certa manhã, pouco depois do nascer do sol, eu estava surfando e havia apenas mais um surfista no mar. No intervalo entre as ondas, começamos a conversar. Ele me falou sobre seu trabalho, sua família e, depois de cerca de uma hora juntos, me contou que havia sido ateu, alcoólatra e viciado em drogas, até que ficou "limpo" e sóbrio depois de encontrar Deus. Enquanto estava lá, flutuando sentado sobre a prancha, a cerca de 100 metros da praia, sem nenhuma nuvem no céu e a superfície da água brilhando como um vidro, ele olhou em volta e me disse: "E agora eu vejo Deus em todos os lugares."

É *disso* que estou falando.

Agradecimentos

SINTO GRANDE ALEGRIA EM TRABALHAR com gente tão especial como o pessoal da HarperOne. Sua integridade, sabedoria, paixão e excelência são muito inspiradoras para mim. Refiro-me a Mark Tauber, Claudia Boutote, Michele Wetherbee, Laina Adler, Kathryn Renz, Suzanne Wickham, Darcy Cohan, Lisa Zuniga, Terri Leonard e, é claro, do excepcional Mickey Maudlin, cuja capacidade de edição, persistência e amizade significam tudo para mim. E pensar que a gente está só começando!

Meu enorme reconhecimento também a Tim Green do FaceOut Design, Chris Ferebee por 12 anos de orientação e *expertise*; e também a Rob Strong, Dr. Christopher Hall, Dave e Sarah Vanderveen, Glenn Rogers e a Poderosa Iris, que nos deu um retorno valioso ao longo do caminho. Mesmo depois daquela noite no México, Glenn, quando que você dormiu enquanto eu lia o esboço de um capítulo. Atribuo essa atitude ao poder da tequila, e não à qualidade do meu conteúdo.

E finalmente a você, K, por muito mais coisas do que eu poderia mencionar aqui. Onde eu estaria sem você?

Fontes, referências e notas

SUSSURRO

A expressão *familiar/não familiar* está ligada ao filósofo Dallas Willard, que inicia seu livro magistral *A conspiração divina* falando sobre Jesus, sobre como "uma presunçosa familiaridade levou à não familiaridade, a não familiaridade levou ao descaso e o descaso levou à profunda ignorância".

Essa história de Jacó aparece em Gênesis 28.

A citação do teólogo protestante alemão Helmut Thielicke é do livro *The Trouble with the Church* (O problema com a Igreja).

Para uma análise focalizada no problema de Deus, ver o ensaio maravilhoso do jornalista Andrew Sullivan em www.newsweek.com/andrew-sullivan-christianity-crisis-64025.

Pessoas para quem Deus nunca ocupou o primeiro lugar. Em relação à pergunta "Deus existe?", Huston Smith faz uma diferenciação útil entre *ausência da prova* e *prova da ausência* no livro *A alma do cristianismo.*

As citações sobre Jane Fonda e seu entrevistador são da edição de junho de 2007 da edição americana da revista *Rolling Stone.*

A base do nosso ser é uma definição do teólogo Paul Tillich.

Se você não conhece o grafiteiro britânico Banksy, eu sugiro que leia o seu livro *Wall and Piece* e depois veja o seu filme *Exit Through the Gift Shop*. Você nunca mais será o mesmo.

ABERTOS

Sobre a discussão "Essas coisas não acontecem", eu recomendo o livro de Yann Martel, *A vida de Pi*.

Eu falei pela primeira vez sobre algumas das ideias contidas nesse capítulo em meu filme de 2007 *Everything is Spiritual*, que pode ser encontrado no site www.robbell.com.

1. DESVIO PARA O VERMELHO

A palavra *universo* vem de duas palavras latinas, *unus*, que significa *um*, e *versus* que significa *tornar* – ou seja, "tornado um".

Se alguém estiver interessado em aprender sobre o universo, mas quiser ler apenas um livro, eu indico *A Short History of Nearly Everything*, de Bill Bryson. Ele consegue reunir uma quantidade interminável e impressionante de informações fascinantes, o que é um presente extraordinário, para dizer o mínimo, que me inspirou na realização deste livro e, particularmente, para escrever o capítulo em questão.

13,7 bilhões de anos. Eu nunca paro de me impressionar como esse número é frequentemente declarado com tanta convicção e precisão. Não é 13,6 ou 13,8 bilhões, mas 13,7.

Pular do telhado da sua casa. Muitas vezes, quando escrevo e preciso de um exemplo para qualquer situação, eu digito a primeira coisa que me vem à cabeça e mais tarde retorno, releio o que escrevi e penso comigo: "O quê? Pular do telhado da sua casa? Quem utiliza exemplos como esse?" Ou talvez a pergunta mais adequada seja: "Quem pula do telhado de uma casa?" A resposta é: eu. Eu fiz isso em algumas ocasiões.

Caber numa colher de chá. Para saber mais sobre isso, ver io9.com. "O que uma colher de chá cheia de estrela de nêutron faria por você?"

Buracos negros, matéria escura e energia escura. Ver earthsky.org para um mapa de grande escala da matéria escura (Permalink: earthsky.org/space/large-scale-map-of-dark-matter-reveals-intricate-cosmic-web).

"Dancing on the Ceiling"? Não tenho ideia de por quê escolhi esta música. Proponho uma discussão para você e seus amigos. Qual foi a música mais tocada em seu país na década de 1980?

Sem coisas não existe o tempo. Para saber mais sobre a relação entre espaço e tempo e como ela afeta a maneira como entendemos trabalho e repouso, recomendo enfaticamente o livro *O Schabat – seu significado para o homem moderno,* de Abraham Joshua Heschel.

A sua coerência é uma teimosa ilusão é frase de Einstein.

Rodopiante, curvo, relativo. Para uma visão rodopiante de toda essa curvatura, ler *Art and* Physics [Arte e física] de Leonard Shlain.

Só por diversão, vá até um site de buscas e digite: "Que quantidade de energia o sol libera em um dia?"

Minha frase preferida de Einstein? "Eu tenho algumas ideias esplêndidas que agora só precisam de incubação."

II. QUEM ENCOMENDOU ISSO?

Evidente que não sou um cientista – quanto menos um teórico da física quântica –, portanto, o que você encontra aqui nessa parte do meu livro procede da leitura de obras de muita gente brilhante. Estes são alguns autores com os quais me sinto em dívida, tanto por seus insights e inteligência quanto pela sua capacidade de tornar tudo acessível para um sujeito mediano como eu:

> Paul Davies, por seu livro *Deus e a nova física*, sobretudo por seus insights sobre energia, tempo e consciência.
>
> Lisa Randall, por seu livro *Batendo à porta do céu*, que inclui uma descrição fascinante do Grande Colisor de Hádrons em seu capítulo 8.
>
> Leon M. Lederman e Christopher T. Hill, por seu livro *Quantum Physics for Poets* (Física quântica para poetas), no qual eles falam de vitrines de exposição e torradeiras, entre outras coisas.
>
> Fred A. Wolf, por seu livro *Taking the Quantum Leap: The New Physics for Nonscientists* (Dando o salto quântico: a nova física para não cientistas).

Aqui vão dois clipes fascinantes do YouTube sobre esse tema:

- Quantum levitation demonstration at the North Museum (Lancaster, Pensilvânia)
- Russel Brand interviewing a quantum physicist

Lidando com algo maior é de um artigo sobre o Bóson de Higgs publicado na revista *Time*, edição de 23 de julho de 2012.

22 quintilhões. Dr. Peter Wittich, do Cornell Center for Materials Research (ver mri.cornell.edu)

A torradeira deveria irradiar azul. Isso é chamado de Catástrofe do Ultravioleta.

III. VOCÊ, POEIRA CÓSMICA!

Coroado com glória e honra está no Salmo 8.

Um grande livro sobre ser verdadeiramente humano: *Nascidos para o bem*, de Desmond Tutu e Mpho Tutu.

Uma grande citação a respeito de ser verdadeiramente humano: São João de Kronstadt disse: "Nunca confunda a pessoa, formada à imagem de Deus, com o mal que está nela, porque o mal é apenas uma má sorte, uma enfermidade, um delírio diabólico. A essência da pessoa é a imagem de Deus, e isso permanece nela mesmo com toda a deturpação."

Um grande livro sobre a natureza sagrada do corpo humano: *Echo of the Soul* (Eco da alma), de J. Philip Newell.

Para mais informações sobre hierarquia, ver *A Brief History of Everything* (Uma breve história de todas as coisas), de Ken Wilber, sobretudo a primeira parte sobre os hólons encaixados.

Para saber mais sobre o que fazer com a energia que lhe foi dada, vide o fantástico livro de Ronald Rolheiser *The Holy Longing* (A nostalgia do sagrado). Só o primeiro capítulo sobre Madre Teresa, Princesa Diana e Janis Joplin já vale o livro.

Para saber mais sobre o despertar da consciência ao longo da história, ver *Ativação de energia*, de Pierre Teilhard de Chardin.

IV. O MAR ONDE ESTAMOS NADANDO

Dois livros excelentes sobre as implicações espirituais da teoria quântica:

Quantum Leap: How John Polkinghorne Found God in Science and Religion (O salto quântico: Como John Polkinghorne encontrou Deus na ciência e na religião), de Dean Nelson e Karl Giberson.

Quantum Theology (Teologia quântica), de Diarmuid O' Murchu.

Um livro extraordinário sobre a ciência e o espírito humano:

Einstein's God (O Deus de Einstein), de Krista Tippett

Um livro brilhante de um cientista brilhante:

The Language of God (A linguagem de Deus), de Francis Collins.

O título que originou o *Principia*, de Newton, foi *Philosophiae Naturalis Principia Mathematica.*

É divertido especular está na edição de abril de 2012 da revista *Surfer.*

JUNTOS

Bisturi de lâmina dupla RQ8F7. É claro que isso é da minha imaginação, mas você não adoraria possuir um?

Porque ele está lá é da entrevista "Climbing Mount Everest is Work for Supermen" (Escalar o Monte Everest é tarefa para super-homens), na edição de 18 de março de 1923 do *New York Times.*

Onde Deus estaria pode ser encontrado em Êxodo 33.

Não viram forma alguma está em Deuteronômio 4.

O Deus que habita em luz inacessível está na Primeira Carta de Paulo a Timóteo. A palavra *inacessível* desse texto paulino vem do grego *aprositos* e todos os seus significados levam à imagem de um lugar "onde não se pode ir".

O Espírito sopra como o vento foi dito por Jesus em João 3.

Sobre arados e enxadas, Ken Wilber escreve um trecho fascinante em seu *A Brief History of Everything* (Uma breve história de todas as coisas).

Pode uma mãe se esquecer ...? está em Isaías 49.

Em um trecho do poema do Gênesis que inicia a Bíblia está escrito que nós fomos criados macho e fêmea, "à imagem de Deus". É importante lembrar disso quando vemos igrejas e comunidades religiosas que são dirigidas apenas por homens, e por homens sempre, onde só homens falam, lideram e tomam decisões, onde a voz feminina é reprimida e desprezada. Em casos assim, a comunidade inteira é privada do sagrado que procede do feminino e subtraída da imagem completa de Deus. É interessante observar que na Igreja Católica, com sua liderança toda composta por homens, a Virgem Maria ocupa um papel proeminente. Outro exemplo de como o sagrado feminino não pode ser negado; ele sempre se expressará de alguma forma. A presença feminina de Deus se move por meios misteriosos. (Sugestão para uma música do U2).

Para mais envolvendo paradoxo, vide o livro clássico de Parker Palmer *The Promise of Paradox* (A promessa do paradoxo).

Para mais sobre fé e dúvida ver o livro *In Praise of Doubt* (Em louvor da dúvida), de Peter Berger e Anton Zijderveld.

Como uma árvore é uma alusão ao Salmo 1.

A citação de Pete vem de *How (Not) to Speak of God* (Como não falar de Deus), de Peter Rollins.

CONOSCO

Para mais sobre o Deus que está em algum outro lugar, ler John Robinson, que escreve sobre isso com muita inspiração em *Honest to God* (Honesto para com Deus).

Eu tenho uma dívida de gratidão com vários grandes escritores por suas palavras sobre enxergar Deus em tudo. Se você quiser ler mais, eu recomendo:

Everywhere Present, de Stephen Freeman
God Hides in Plain Sight, de Dean Nelson
An Altar in the World, de Barbara Brown Taylor

e, é claro, o clássico

The Practice of the Presence of God, de Brother Lawrence

Grande parede em rosa e amarelo. A instalação é de Peter Wegner e é chamada de *Guillotine of Sunlight, Guillotine of Shade.* A obra de arte contém 1,4 milhão de folhas de papel de 40 cores diferentes. Para mais a respeito da obra de Peter Wegner, visite o site perterwegner.com

A palavra *Ruach* aparece 380 vezes na Bíblia hebraica.

Eu não tenho palavras para descrever o impacto que o livro do teólogo alemão Jürgen Moltmann, *O espírito da vida,* teve sobre mim e sobre como ele me ajudou a formar meus conceitos sobre *ruach.*

Do Senhor é a terra e tudo que nela existe está no Salmo 24.

Deus renova a face da terra está no Salmo 104.

Sobre o alcance e o poder da energia de *ruach,* ler o Salmo 33.

Enquanto eu tiver vida em mim e o sopro de Deus em minhas narinas é uma frase do Livro de Jó, capítulo 27.

O escritor de Eclesiastes usa essas palavras: "O pó volte à terra, de onde veio, e o espírito (*ruach*) volte a Deus, que o deu" (12:7).

Sobre *ruach* limpando os céus, ver Jó 26.

Sobre *ruach* trazendo tudo à existência, ver o Salmo 104.

Para onde eu escaparia está no Salmo 139.

Kavod. A raiz da palavra é K-B-D, e ela também significa *fígado* ou *interior* ou *alma ou ser importante* e também *pesado.* As palavras hebraicas são muito flexíveis. Eu uso essa palavra aqui no sentido positivo de alguma coisa que tem importância, porém, boa parte de sua utilização nas escrituras quando ela é traduzida como *pesado* é negativa, assim como quando ela aparece como *opressivo, severo* ou *um fardo.* Quando a palavra *kavod* é usada positivamente, ela aparece como *glória*, como em 1 Crônicas 16, onde Davi diz: "Deem ao Senhor a glória devida ao seu nome."

Tudo está interligado. Para um exemplo impactante de como tudo está interligado, ver *The Spirit Level: Why Greater Equality Makes Societies Stronger*, de Richard Wilkinson e Kate Pickett, no qual a dupla de autores demonstra estatisticamente que quanto maior for o abismo entre os ricos e os pobres em um país, pior para os ricos.

Deus é único está na oração Shema encontrada em Deuteronômio 6.

Um abismo chama outro abismo está no Salmo 42.

Algo mais acontecendo logo abaixo da superfície foi uma frase usada no discurso de cerimônia de formatura que David Foster fez na Faculdade de Kenyon, Ohio, em 2005.

A palavra grega *Telos* é encontrada 40 vezes no Novo Testamento.

A série televisiva *The Office.* Para mim, foi fascinante assistir à série britânica original e seus contrastes com a versão americana do seriado que muitas vezes segue na direção contrária.

Enxergar e ouvir vem de Mateus 13.

Ela praticou uma boa ação para comigo está em Marcos 14.

Que os olhos do coração de vocês sejam iluminados está na Carta de Paulo aos Efésios, capítulo 1.

POR NÓS

A declaração de que *Deus nos ama* está em João 3.

Com quase quatro quilos e recém-nascido é a estrofe de um poema de Ricky Bobby encontrada no livro *Talladega Nights.*

Bem-aventurados os pobres em espírito está em Mateus 5.

Os desprezados foi extraído do livro *A conspiração divina,* de Dallas Willard (Ed. Mundo Cristão).

Arrependimento é a palavra *metanoia* em grego: *meta* significando *mudança* (assim como em *metamorfose*) e *noia* significando *pensar* ou *perceber* – ou seja, "ver de uma nova maneira, ter uma mente renovada".

Tocar os leprosos está em Mateus 8.

Ouvir os gritos está em Mateus 20.

Almoçar com cobradores de impostos está em Marcos 2.

Conversas com... mulheres samaritanas está em João 4.

Veio para os doentes está em Lucas 5.

Vinho novo em vasilha de couro nova está em Mateus 9.

Disse pela primeira vez aos seus discípulos que iria ser morto está em Mateus 16.

Meu Deus, meu Deus está em Mateus 27 (e a origem é o Salmo 22).

A respeito dos cristãos primitivos enxergarem a ressurreição como anúncio de uma nova era para a consciência humana, observe que quando o apóstolo Paulo escreve aos seus amigos de Corinto (em 1 Coríntios 15), ele se refere a Jesus ter ressurgido dos mortos no terceiro dia como algo de "extrema importância".

Jesus falou sobre... fruto foi retirado de Mateus 7 e 13, e também de João 15.

A plenitude de Deus habitando em Cristo está na Carta de Paulo aos Colossenses 2:9.

Faz o sol nascer... e envia a chuva está em Mateus 5.

ADIANTE DE NÓS

Olho por olho está em Êxodo 21.

Quando você for para a guerra está em Deuteronômio 21. Agradeço muito a William Webb por seus escritos inspiradores sobre essa passagem bíblica.

Deus convoca um homem chamado Abraão. A história do patriarca Abraão começa em Gênesis 12.

Luz para os gentios está em Isaías 49.

Deixar sua luz brilhar está em Mateus 5.

Armas nucleares. Eu escrevo sobre isto com Don Golden em nosso livro *Jesus quer salvar os cristãos.*

Porque ele não é um de nós vem de Lucas 9.

Um livro sobre pessoas tendo as suas mentes expandidas. Ler sobre a visão de Pedro em Atos dos Apóstolos 10.

NO DIA A DIA

Eu falei sobre o nascimento da religião no meu documentário de 2008 *The Gods Aren't Angry* (Os deuses não estão zangados), que pode ser encontrado em www.robbell.com.

O véu do templo *rasgado* está em Marcos 15.

Sobre o conceito de acesso novo e direto a Deus, ver a Epístola aos Hebreus, capítulo 10.

Santo, santo, santo encontra-se em Isaías 6.

A ideia de que Deus está confinado em um templo. Eu afirmo isso reconhecendo também que essas ideias já estavam presentes no pensamento judaico anos antes do surgimento de Jesus, como pode ser visto em 1 Reis 8, onde Salomão diz, após construir o templo, que "Os céus, mesmo os mais altos céus, não podem conter-te. Muito menos este templo que construí!".

O conceito de que *nós somos o templo* é encontrado na Primeira Carta de Paulo aos Coríntios, capítulo 6.

A referência ao corpo humano como um templo está em 1 Coríntios 6.

Relatos sobre Jesus na noite em que foi traído são encontrados em Mateus 26, Marcos 14, Lucas 22 e João 13.

Para um extraordinário ensaio sobre a Eucaristia, ver http://www.firstthings.com/onthesquare/2012/03/do-this.

Efraim, o Sírio orou assim no século IV:

O espírito está no meu pão,
o fogo no meu vinho,
uma maravilhosa evidência
de que meus lábios foram ungidos.

Stephen Freeman oferece insights profundos sobre a Eucaristia em seu livro *Everywhere Present* (Presente em toda parte).

Moisés descalçando as sandálias está em Êxodo 3.

Santo em todo o tempo. A palavra *holy* (santo) está relacionada à palavra *holístico*, que por sua vez está ligada às palavras inglesas *whole* (todo), *heal* (cura) e *hale* (saudável) no sentido de "saudável e cheio de energia". Santidade, portanto, é a reunificação das coisas em sua inteireza, saúde e completude.

Reconciliar-nos com a profundidade santa está na Carta de Paulo aos Colossenses, capítulo 1, onde o apóstolo escreve que por meio do sangue de Jesus *Deus reconciliou consigo todas as coisas, tanto as que estão na terra quanto as que estão nos céus.*

Como um pastor separa as ovelhas dos bodes é uma imagem de Mateus 25.

Sobre Deus como sendo tudo em todos, ver 1 Coríntios 15.

Sobre Deus ser por meio de todos e sobre todos, ver Efésios 4.

Coisas que anteriormente pensávamos estar em oposição. Para mais informação a respeito da consciência não dualista, ler *The Naked Now*, de Richard Rohr.

Quando eu me calei está no Salmo 32.

Jesus, tem misericórdia de mim, que sou pecador está em Lucas 18.

Para um salmo sobre impulsos destrutivos, ver Salmo 35.

O coração em paz dá vida ao corpo está em Provérbios 14.

O que você quer que eu lhe faça? Está em Marcos 10.

A palavra grega *Splagchnon* é encontrada 11 vezes no Novo Testamento.

Sabia em um nível celular foi dito numa entrevista com Gwyneth Paltrow na edição de março de 2012 da revista *Harper's Bazaar.*

Há algo primordial no modo como reagimos aos impulsos sem nem mesmo sabermos como é uma frase do guitarrista dos Rolling Stones, Keith Richards (a quem eu me referi como "lendário teólogo") em seu livro autobiográfico *Vida.*

Para mais sobre macacos e energia subcortical, ver o grande livro de Daniel J. Siegel *Mindsight: The New Science of Personal Transformation.*

Falando sobre o *espírito,* Christopher McDougall tem uma citação em seu livro *Born to Run* (no início do capítulo 30) extraída do campeão olímpico Herb Elliott: "Eu descobri que o espírito, tanto ou mais que o condicionamento físico, tem que estar em plena forma antes de uma corrida".

Eu tenho uma profunda gratidão pelo Dr. Tim Royer e sua maravilhosa equipe do Neurocore por tudo que eles me ensinaram sobre o cérebro e sobre como ele afeta todas as áreas de nossa vida.

Para mais sobre cadeiras, janelas e sol – a respeito da relação entre arquitetura e espírito –, recomendo enfaticamente os seguintes livros:

The Timeless Way of Building, de Christopher Alexander
Between Silence and Light: Spirit in the Architecture of Louis I. Kahn, de John Lobell
101 Things I Learned in Architecture School, de Matthew Frederick

O ensino sobre *Fruto do Espírito* está na Carta de Paulo aos Gálatas, capítulo 5.

Não reclamar está na Carta de Paulo aos Filipenses, capítulo 2.

Alegra-se sempre está em Filipenses 4.

Sermos gratos está no Salmo 18.

Em tudo dai graças está na Carta de Paulo aos Tessalonicenses, capítulo 5.

Lembrarmos de onde estivemos está em Êxodo 13 e Marcos 8.

Deus se alegrando muito com a sua criação é uma referência a Gênesis 1.

EPÍLOGO

Começou / boa obra / completar está em Filipenses 1.

A declaração de meu companheiro surfista, *Agora eu vejo Deus em todos os lugares*, me faz lembrar a máxima jesuíta que nos convida a "enxergar Deus em tudo", o que me remete ao fantástico livro do padre James Martin *A sabedoria dos jesuítas para (quase) tudo.*

CONSIDERAÇÕES FINAIS

Aqui estão algumas palavras e frases incríveis com as quais me deparei durante minha pesquisa e que merecem ser mencionadas por nenhuma outra razão a não ser a apreciação das palavras com seus infinitos sons, significados e combinações:

densidade remanescente
vértice deslocado
propensão e poder
a história dos peixes
a habilidade do infinito de ser aumentado em magnitude e ainda assim permanecer do mesmo tamanho
um possível planeta chamado Vulcano
o mecanismo de Englert-Brout-Higgs-Guralnik-Hagen-Kibble
inquietude super-humana e criativa
respire fundo e libere as energias
formas e configurações assumidas pela torrente de energia do espírito divino
sons de toda a versátil criação
regeneração planetária
um brilho que nenhum espaço pode conter
conduzindo o poder vital
exuberância especulativa e irrestrita
cinematicamente
referência compreensiva para a vida
sociabilidade sensorial
impregnação de toda a matéria pela graça
elegância indescritível
transformação incessante
potência estimulante
fluidez ampliada

CONHEÇA OUTRO TÍTULO DO AUTOR

O AMOR VENCE

Com mais de 500 mil livros vendidos no mundo, Rob Bell apresenta uma nova e transformadora visão sobre o que Jesus realmente queria nos ensinar quando veio à Terra.

Rompendo com alguns conceitos clássicos do cristianismo – como céu e inferno, condenação e salvação, culpa, arrependimento e obediência –, ele nos faz questionar tudo aquilo em que acreditamos e nos inspira a fazer perguntas capazes de libertar nosso coração do cárcere que a religião nos impôs.

Por que Deus teria criado bilhões de seres humanos para depois ameaçá-los com o castigo eterno? Por que temos que obedecer a todas as suas regras se seu amor é incondicional? Por que as pessoas ruins que oram estão mais próximas Dele do que as boas que não frequentam a igreja?

E se o próprio Jesus veio até nós para nos estimular a perguntar, questionar, refletir? E se tudo o que nos ensinaram a respeito de Deus estiver errado? E se o céu e o inferno existirem aqui e agora?

Neste livro polêmico, intenso e apaixonante, você vai descobrir todas as respostas a essas perguntas.

CONHEÇA OUTRO TÍTULO DA EDITORA SEXTANTE

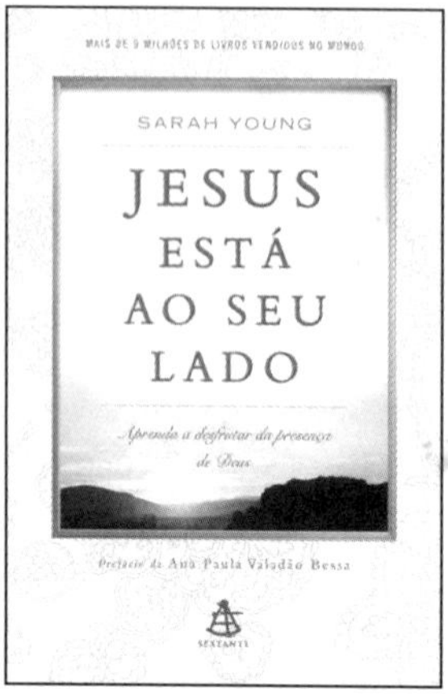

JESUS ESTÁ AO SEU LADO

Sarah Young

Não é difícil nos imaginarmos falando com Deus. Na verdade, muita gente faz isso todo dia. A oração faz parte da vida de muitas pessoas. Mas poucas ousam imaginar Deus falando diretamente e sussurrando à sua mente e ao seu coração.

Sarah Young acredita que a presença de Deus deveria ser uma experiência contínua na vida de todos, e que essa experiência deveria trazer alegria, paz, amor, confiança, coragem e uma aproximação mais estreita com o Criador do Universo.

Foi o que Sarah ousou experimentar. Ao dedicar momentos a sós com Deus, ela decidiu registrar os pensamentos e as impressões que lhe vinham à mente e ao coração, como se o próprio Deus estivesse conversando com ela. Sarah usa passagens da Bíblia e escreve sob a perspectiva de Deus falando diretamente com você. É um recurso poético extraordinário e bastante didático.

Jesus está ao seu lado permitirá que você sinta e viva intensamente o chamado de Jesus para desfrutar da presença de Deus em sua vida.

CONHEÇA OS CLÁSSICOS DA EDITORA SEXTANTE

1.000 lugares para conhecer antes de morrer, de Patricia Schultz

A História – A Bíblia contada como uma só história do começo ao fim, de The Zondervan Corporation

A última grande lição, de Mitch Albom

Conversando com os espíritos e *Espíritos entre nós*, de James Van Praagh

Desvendando os segredos da linguagem corporal e *Por que os homens fazem sexo e as mulheres fazem amor?*, de Allan e Barbara Pease

Enquanto o amor não vem, de Iyanla Vanzant

Faça o que tem de ser feito, de Bob Nelson

Fora de série – Outliers, de Malcolm Gladwell

Jesus, o maior psicólogo que já existiu, de Mark W. Baker

Mantenha o seu cérebro vivo, de Laurence Katz e Manning Rubin

Mil dias em Veneza, de Marlena de Blasi

Muitas vidas, muitos mestres, de Brian Weiss

Não tenha medo de ser chefe, de Bruce Tulgan

Nunca desista de seus sonhos e *Pais brilhantes, professores fascinantes*, de Augusto Cury

O monge e o executivo, de James C. Hunter

O poder do Agora, de Eckhart Tolle

O que toda mulher inteligente deve saber, de Steven Carter e Julia Sokol

Os segredos da mente milionária, de T. Harv Eker

Por que os homens amam as mulheres poderosas?, de Sherry Argov

Salomão, o homem mais rico que já existiu, de Steven K. Scott

Transformando suor em ouro, de Bernardinho

INFORMAÇÕES SOBRE A SEXTANTE

Para saber mais sobre os títulos e autores
da EDITORA SEXTANTE,
visite o site www.sextante.com.br
e curta as nossas redes sociais.
Além de informações sobre os próximos lançamentos,
você terá acesso a conteúdos exclusivos
e poderá participar de promoções e sorteios.

www.sextante.com.br

facebook.com/esextante

twitter.com/sextante

instagram.com/sextante

skoob.com.br/sextante

Se quiser receber informações por e-mail,
basta se cadastrar diretamente no nosso site
ou enviar uma mensagem para
atendimento@esextante.com.br

Editora Sextante
Rua Voluntários da Pátria, 45 / 1.404 – Botafogo
Rio de Janeiro – RJ – 22270-000 – Brasil
Telefone: (21) 2538-4100 – Fax: (21) 2286-9244
E-mail: atendimento@esextante.com.br